你的光影，我的流年

丁立梅 著

九州出版社
JIUZHOUPRESS

图书在版编目（CIP）数据

你的光影，我的流年 / 丁立梅著. —北京：九州出版社，2014.3（2016.2重印）

ISBN 978-7-5108-2805-8

Ⅰ. ①你… Ⅱ. ①丁… Ⅲ. ①散文集－中国－当代 Ⅳ. ①I267

中国版本图书馆CIP数据核字（2014）第047434号

你的光影，我的流年

作　　者　丁立梅　著
出版发行　九州出版社
出 版 人　黄宪华
地　　址　北京市西城区阜外大街甲35号（100037）
发行电话　（010）68992190/2/3/5/6
网　　址　www.jiuzhoupress.com
电子信箱　jiuzhou@jiuzhoupress.com
印　　刷　三河市中晟雅豪印务有限公司
开　　本　870毫米×1280毫米　32开
印　　张　7.5
字　　数　135千字
版　　次　2014年5月第1版
印　　次　2016年2月第2次印刷
书　　号　ISBN 978-7-5108-2805-8
定　　价　28.00元

序

陌上花开蝴蝶飞，江山犹似昔人非。

我爸是个有故事的人。

我们每个人，其实都是有故事的人。

但我爸觉得，他的故事有些独特，有独一无二的意思。

我们每个人，又何尝不是独特的，各有各的悲欢离合。

但我爸还是坚定地认为，他的人生是真的不一样。他跟我说，他要写部自传。

这话我已听过不下二十遍了。早在他还没有长出很多的皱纹，黑发还远远多于白发时，他就有过这样的雄心，他说，等他老了，他就写一部书，把他的故事全写出来。我清楚地记得，当时老家小屋的门前，长着两棵银杏树，银杏树的叶子真是密且漂亮，每一片，都当得了花来赏。那些叶子的影子，投射在我爸的脸上，我爸的脸，像鱼在水里面晃，生动得不得了。

也只是一下子，时间的滑轮，已滑过十万八千里去了。从前的一个大家庭，只剩下我爸我妈守着，风吹过无遮挡的屋前，有空旷寥落的况味。我爸没忘记当初对自己的约定，他要写部自传。我回老家看望他和我妈，他站在一圈橙红的夕照里，再次对我这么说时，我看了看他，点点头。——他的发已全白了。他的面色有些浮肿。他的眼神不好使了。他的腰椎间盘突出，折磨得他常常坐也不是，站也不是。他的手也抖得厉害，有时都捧不住饭碗了。

——我知道，他这辈子也写不成他的自传了。

人，总是要老，这规律不可逆，你也无法逆。虽明知这是自然而然的事，就像花开了要落，叶绿了要枯，但心里，难免还是生了凄楚。

我也是有故事的，我不要等到我爸这般年纪再写。人生有太多无法预知的，灾难，疾病，死亡，哪一样都能让人在瞬间粉身碎骨。即便能顺利地活到老，也还有老年痴呆呢。我怕到时我得了健忘症，把我从前的记忆，删除得一干二净。

我要趁我还有力气的时候，与它们来一次相逢。

我花了三个月的时间，蛰伏在家里。像冬眠的虫似的，我睡在我的小光阴里。我睡得又踏实又安稳。我听到一些小光阴，像只可爱的小黑猫，蹑着脚，轻轻走过我的梦境。它又多像佛祖手里的念珠，散落在岁月的长河里。数着数着，这人生也就走过来了。

路过的你，会捡起哪一串呢？它无关英雄美人，江山社稷，它只是人间的小欢小喜，小温小暖，小情小爱，小悲小伤，只管把那一段一段的尘世小烟火，过成最扎实的庸常。

我唯愿捡拾起它的你，是愉悦的，美好的。

目　录

第一辑

陌上花开蝴蝶飞

陌上花开蝴蝶飞，江山犹似昔人非。还是趁我尚有记忆的时候，让我在记忆里打捞一把吧，以慰相思。

渡口

是那样万般无奈的凝视

渡口旁找不到

一朵可以相送的花

就把祝福别在襟上吧

而明日

明日又隔天涯

这是席慕容当年的诗《渡口》中的一段。曾经的风靡，是不消说的，大凡有点儿文艺细胞的少男少女，无不把它抄摘在笔记本上，时时默诵，默诵得一颗心，莫名地忧伤得很了。仿佛已幻化成渡口边告别的那一个，一转身就成背影，从此后，山高水长，天涯无边。

少年的心，是脆弱且敏感的，如三月里初生的芽，踮着脚尖，拼命地朝着春风里长。

我呢，我是什么时候遇见它的？忘了。初见它的那种震撼之感，却深刻着。我只粗略地看一眼，便像被魔咒镇住了似的，一时半会动弹不了，只管傻傻地发呆。

现在，我愿意把它铺排成冬天，我也不过十三四岁的年纪，坐在教室里听课，听着听着，就走神了，脑子里回响着刚刚在同桌的本子上看到的这一段诗。同桌是个黑瘦的姑娘，成绩平平，平日里寡言，只闷头做她的事，与我的关系不疏也不密。她拥有了这首诗，委实让我吃惊不小，一时间看她，竟是温婉和睦的，与往日里有了大大的不同。

那一天，我一直试图找些话题，与她亲近，直到她厌烦了。后来，我把那首诗借来，一字一字，抄到了我的语文课本上。渡口，渡口，我一边听课，一边在心里念着。教室外的梧桐树，只剩下光秃秃的枝丫，扛着一大把碎碎的阳光。有鸟飞过，或者没有。天空干净得像块晒干的白棉布。这样的萧条，是极配这首诗的。

我的渡口，其实是天晴日暖万物葱茏的。

这得让我从吾村谈起。

吾村有个很励志的名字，叫勤丰，那意思是唯有辛勤劳动，才能收获丰成。这名字的确很配它，吾村从当初的一无所有，到后来的物产丰饶，靠的就是勤劳。

吾村地处苏北沿海，二三百年前，此处还是汪洋一片。随着海水东移，裸露出大片陆地，荒草丛生，飞鸟走禽出没。上个世纪五十年代初，国家号召拓荒垦地，堤西的人家被一批一批，迁移到这片荒地来。我爷爷我奶奶也提着家当，拖儿带女，从他们繁蔗的丁家庄，徒步几十里，来此搭棚建窝。可怜我奶奶做了多年的大家小姐，一入荒地，就像掉进一口枯井里，上不得，下不得，叫天不应，叫地不灵。她后来屡屡跟我们忆起垦荒这一段，说她天不亮就起来割草，割一担草，才换到一两米面。她割啊割啊，手上全被刀划破，找不到一块完好的皮肤。虫子也来欺负她，蛇也来欺负她，头上还有毒太阳照着，身上的衣服没有一根纱丝是干的，身前身后，都是比人高的草啊，她以为她会死掉。可家里还有那么多张嘴在等着要吃饭哪。我死也死不得，我奶奶摇头叹。岁月的阴影，凝聚成她脸上痛苦的褶皱。

一块一块的荒地被开垦，路有了，河有了，庄稼稠密，邻里鸡犬相闻。吾村规模渐成，始称勤丰村大队，下设八个分队，我家被划到四队。一条红旗河，浩浩荡荡由西向东，把四队拦腰截成两半，一半在河南岸，一半在河北岸。我家当时住在河北岸，一个土墩子上的独门独院，三间草房坐北朝南算是正房，旁边搭一棚屋，砌了锅灶，用作厨房。屋子周围遍植木槿，形成天然的院落。屋前长棵歪脖子枣树，是我三娘娘（吾乡人称“姑姑”为“娘娘”）做姑娘时栽的，甜了很多孩子的童年。屋后长着墨绿的竹子，无人管它，一年一年的，它竟葳蕤成一大片竹园，在吾村及方圆几十里的地方，成了一大特色。我三岁时一次走失，在陌生地正哭得声嘶力竭之际，忽有好心的妇人，蹲下身子很和气地问我：“小丫头呀，你是哪家的伢儿呀？”我知道这么回答："我是长竹子那家的。"妇人恍然大悟，直起身子，双掌很响亮地一击拍，对旁边站着看热闹的人说："原来是四队志煜家的呀。"志煜是我爸的名。结果，我被人顺利护送到家。

我家的邻居不多。后面隔两节田远，有一户姓谢的，户主人称谢四，据说是扛过枪当过红军打过仗的。这个据说，没有得到证实过。我两三岁看他时，他就是小老头一个。我一二十岁看他时，他还是小老头一个。几十年的光景里，他就一直那么苍老着。他们家齐刷刷三个儿子，都长得人高马大的，却游手好闲着。有时在外吹嘘他爹的光荣史，听的人一脸哂笑，掉过头去，从鼻孔里"嗤"一声。

他们家在村里很不受欢迎，与我家关系也冷淡，素无往来。我奶奶那样一个随和的人，有次也跟人说，这家人太蛮了（吾乡人说人不讲理，称为蛮），蛮得像喽喽藤。喽喽藤是吾乡一种难缠的野生植物，只要落地生根，它就到处乱缠乱牵，剪不掉，理还乱。我奶奶用这个比喻来形容这家人，可见得她是深受过其害的。

我却无甚印象，也没见他们家做过什么坏事，顶多是看到谢四老婆，凌厉地挥着一根长竹竿，赶我家跑过去的鸡，追得又急又狠。鸡慌不择路，鸡毛乱飞。

我家与他们家做了一些年的邻居，在我六岁那年，我家搬了，搬到红旗河南岸，与他们家隔了一条河，更无往来。但一个村子住着，彼此的消息是顺风飘的，谢四的三个儿子都打了光棍。谢四有一天夜里，觉睡得好好的，死在了床上。那时，我已大学毕业，在外工作，家对我来说，已成老家，我回老家少了。一次节假日回去，我妈很兴奋地告诉我，谢四家捡到一个伢儿了。

是个女婴，被人用篮子装着，挂在他家屋檐下。谢四老婆早起发现，喜出望外，她对前来看热闹的人说："这下子，我们老谢四家有后了。"大家尽释前嫌，都替他们家欢喜，有人送来摇篮，有人送来小孩的衣服奶瓶尿布，那孩子就此姓了谢。

我妈怂恿我去看看，说那伢儿长得可好看了，白白胖胖的。我经不住我妈的怂恿，真的让我妈领着，过了河跑过去看。沿路不断有人跟了来，渐渐跟成一支小队伍。我们这支小队伍抵到谢四家门口，谢四老婆闻风出来迎接。她看上去老得很了，曾经的凌厉不见，现出和善的样子。见着我，很是欢喜，牵着我的手，一直把我牵到摇篮边。"你看，好玩吧？"她盯着摇篮里的小女婴，满是爱怜地说。小女婴醒着，不哭，不闹，脸庞饱满，眼珠子漆黑，吮着小手指，咿咿呀呀的，如颗莹润的珍珠。那天我应该说了一些赞美的话的，更多的却是难过，为这个幼小的被遗弃的生命。

谢四的三个儿子都做了这女娃的爸。大爸二爸三爸，长大了的女娃这么叫。小女娃十岁那年，她的亲生父母寻了来，当年，为了生个儿子，他们把她狠心送掉。后来，儿子有了，家业兴旺，他们很想找回这个送人的女儿。小女娃拿着笤帚追着她的亲生父母打，跺着脚哭着骂着，死也不肯跟着回去。关于这一段，我妈形容给我听时，说得活灵活现的。

不几年，谢四老婆得病死了。紧接着，三个儿子中的两个，一个得病死了，一个出车祸死了，剩下一个老二，带了这个女娃。女娃也没上过学念过书，成天趿着双鞋，蓬头垢面的，在村子里无所事事。有人逗她："给你说个婆家好不好？"女娃摇头："不，我要跟我二爸。"村里人再说起她，都一脸不着边际的笑，笑得又暧昧又意味深远。

我前面提到过，一条红旗河，把我们队分成两半。那些年，河上少有桥，要过桥，得绕很远的路，往东，跑到通榆村去；往西，跑到砖桥村去。谁有那闲工夫绕路呢！我们队两岸交通，便都靠渡船，这就有了渡口。

说是渡口，其实简易得很，就是人工凿出泥阶，一直下到水边，水边竖一根木头桩，系船绳用的。河这边有一个，相对应的，河那边也有一个。遇着下雨天，那泥阶儿打滑塌陷，队上就派人用草木灰铺上。渡船是条水泥船，船两头各系一根长长的粗绳索，分别扣在两头的木头桩上。船平素也无人照管，任它自由泊着，谁要是想过河去，就下到水边，拖住这边的绳索，慢慢往这边牵，船就跟着过来了。人上船，蹲到船那头去，拖住那头的绳索，慢慢往身边牵，船就行起来了，绳索牵到头，船也就到对岸了。

我三岁的时候，就能娴熟地如此过河，在这条红旗河上来去自如。我忆不起我当初怎么就会这个的，而且一次也没掉到水里去，它相当于本能。生活里总埋藏着许多本能的东西，无师自通。

也是在这一年，我大弟出生了。我妈和我奶奶素来不和，这次不知交了什么恶，我奶奶丢下在坐月子的我妈，赌气搬到红旗河南岸来，用黄泥抹了两间窝棚，暂且住着。我记不清是跟了我奶奶，还是跟了我妈了。只记得那段日子，我落了单，总是一个人在路上晃，晃着晃着，就到渡口了，有时在南岸渡口，有时在北岸渡口。

一个孩子的世界是没有寂寞的，或者是不懂得寂寞，反正三岁的我，是不知道寂寞的滋味的，我一个人玩得很好。河边草多花多，我掐把草，能玩上大半天。掐把花，又能玩上大半天。河里鱼多虾多。那是真的多，你蹲在水边，就能看到无数条小鱼，在水里吹着泡泡。把脚伸进水里，它们会轻咬你的脚指头，痒痒的，很有趣儿。有大人路过，看见我就当没看见，把我当做河边的一棵草，一朵小野花，他们有他们要忙的。也偶尔的，他们会停一停，吓唬我："二丫头（我在家排行老二），当心别掉水里去，水里面有老鬼，专门吃小孩。"

我并不害怕，晴天暖日的，怕什么呢？那么好的太阳，晒得我快化了。我想我妈了，更确切地说，是记挂着她床边那些吃的——馓子和脆饼。我妈坐月子，一些亲戚来看望，会送上几斤馓子几斤脆饼，外加一包红糖。吾乡人送月子礼，都是这样的。我真馋那些馓子和脆饼，油汪汪的，我妈一次只肯拿一点给我和我姐。我一会儿就吃完了，我姐也是，我们贪恋地看着沾在手上的油，在大太阳下，手指儿闪闪亮。我把小指头放在嘴里吮，小指头也是香的。

我爬上渡船过河去。有时有大人也过河，顺便把我提上船，像提一只猪草篮子。有时没有，我就自己爬，再伏到船那头拉绳子。现在回想起来，我真吃惊于那时的能干，或者叫无知者无畏，现在看到船泊在河里，如果没有人帮衬着，我是万万不敢上去的。纵使战战兢兢上了船，也是头晕得厉害，何况还要自己拉着船走。一个三岁的小女孩，简直像条女汉子。

我过了河，撒开脚丫就朝我妈奔去。渡口离我家还有二三里路，得越过好几块农田，还要翻过两条浅沟。沟边芦苇杂草蓬勃，麻雀或斑鸠在里面做窝。我们小孩经常在里面捡到鸟蛋，欢天喜地拿回家去。我奶奶说，吃了鸟蛋脸上会生雀斑的。小孩才不管雀斑不雀斑的，只管那口美味。我吃过不少的鸟蛋，其他孩子也都吃过。

我奔跑的脚步会因此停下来，在芦苇丛中翻找一通，看看有没有鸟蛋。大多数时候是没有的，鸟不会像鸡一样天天生蛋，真叫人失望。我这么跑着走着，也就到家了。推开半掩的大门，走进房内，我妈多半倚在床上，头上扎着条头巾，像生了病似的，怀里抱着个会哭的小东西。房间的木格窗用塑料纸蒙着，房间幽暗。我妈的脸，也是幽暗的。我站在床边，朝我妈伸了小手，说："妈，我饿，我要吃。"我妈没好气地说："去去去，哪有吃的！”有时却是沉默地看看我，叹一口气，探了身子，到床边的柜子里，摸出半块脆饼来。床边的馓子和脆饼，很快没了影，家里不再有好闻的油香味。更多的时候，我去时两手空空，走时，还是两手空空。没有就没有吧，我也不对我妈哭闹，转身再去玩耍，嚼嚼草根，随便摘个野果子往嘴里塞，玩着玩着，就又到渡口边了，爬上船，渡过河去，找我奶奶。

多年后，我站在我妈床边，仰着小脸，伸着黑黑的小手，问她要吃的场景，被我妈经常回忆起。我妈说着说着，声音就会矮下去，脸上有愧色，觉得十分十分对不起我。

去我二叔家，也要经过一个渡口。

我二叔入赘到一个叫民团的村子，离我家有二十来里路，在年幼的我的眼里，那是相当遥远了。这样的遥远，却难不倒我和我姐，我们三天两头就往那里跑。那时，我家能走动的亲戚委实不多，这个二叔家，算是很合我们小孩子意的，一来，我二叔二婶脾气不错，虽不怎么热情，但从不对我们喝声骂齿的。尤其我二婶，人长得跟面团似的，软塌塌的，没脾气。我们去了，比在家里还自由，她家有什么，我们就跟着吃什么，用不着顾忌。二来，我二叔家也有两个孩子，和我差不多大，我们凑一堆玩，上树下河，没天没地，那叫一个疯啊。

我二娘娘也嫁在这个村，离我二叔家也就三四节田远，我和我姐却很少去。在我家所有亲戚里面，这个二娘娘过得最富裕，也最体面。她的婆家世代行医，住的是小瓦房，吃的是白米面，身上穿的衣服极少打补丁。但我二娘娘在婆家地位式微，虽替他们家生下两儿一女，说话做事，却都要看婆婆脸色。

我二娘娘的婆婆看上去很阴霾，身体硬朗，却成天拄着根拐，看到不满意的，就用她的拐东戳西戳。我姐暗地里称她地主婆。上个世纪七十年代，我们的小脑袋里能想到的最坏的人，就是地主婆了。“地主婆”看见我们去她家，脸阴得滴得下水来，朝我们频频翻着白眼，拐棒撞击着地面，咚咚咚，咚咚咚。她急呀，嫌我们又去吃他们家的了。我二娘娘吓得一句话也不敢说，只绕着锅台忙活。我二姑爸也不见得和善，看也不看我们一眼，沉着脸做事。我那两个表哥一个表妹，都被管得跟可怜的小鸡似的，看见二姑爸在，大气也不敢出一声。我和我姐匆匆扒一碗白米饭，丢下碗就走，也没人挽留。饶是这样，在我长大些，上学念书了，要填表格之类的，在亲友栏内，我都郑重地写上这个二姑爸，职业：医生。这么一写，我那卑微贫贱的身世，似乎就镶了道金边。

去我二叔家，我和我姐最怕的是要过一个圩子。圩子像座小山似的，横在我们必经的路口，上面总有一些小孩在玩耍，他们呼啸着从圩子上冲下来，再爬上去，泥块扔得满天飞。一看到我和我姐走近，那些小孩兴奋不已，这才有了战斗目标，一齐叫喊着打呀杀呀的冲过来，扔泥块儿围攻。小孩子对小孩子，是顶不讲同情心的，下手也没个轻重，每一次，我和我姐都被打得很惨。经历了几次教训后，我姐想了个法子讨好他们，知道要去二叔家了，提早在袋子里揣上一把炒熟的蚕豆，或是自己舍不得吃省下来的冰糖，我们人才走到圩子口，我姐就叫起来："别打，别打，我有好东西给你们吃。"贫瘠荒芜里，一把炒蚕豆，或几粒冰糖，足以让那些孩子的眼睛闪闪发光，他们一哄而上，我们得以安全通过。但哪有那么多的炒蚕豆和冰糖呢，那对我们来说也是稀罕的吃食呀，所以，下次经过，我们还是照样挨打。

好不容易从圩子闯过来，我和我姐又要为怎么渡过河去而犯难。河是条宽阔的大河，比我们村的红旗河要激荡得多，朗朗一望，才能望到对岸，我二叔的家就在对岸。河有个怪异的名字，投婆河。我奶奶会讲这条河的故事，她讲过很多遍的，说是穷婆婆遇到恶媳妇，恶媳妇不给穷婆婆饭吃，让她成天干很重的活，还想打就打，想骂就骂，穷婆婆活不下去了，最后跳了河。我妈如果正好从我奶奶跟前过，我奶奶就会故意问我们："你们说，这个媳妇恶不恶？"我妈当时不说什么，却在事后发作起来，指桑骂槐一通。或找了由头，拿我和我姐中的一个，打一顿出气。

这么大的一条河，就有了很像样的渡口，砖铺的台阶下到水边，河岸边还搁着两张石凳供人歇脚。渡船是很讲究的木头船，上面搭着船篷，有专人管理。负责摆渡的是住在我二叔村子里的一小脚老太太，她的家，紧傍着渡口住。人在这岸要过河，只需站在岸边直着嗓子叫几声，过渡船噢——！老太太听见了，就会踩着碎步走出屋子，拿了篙子，下到河里，撑了船过来。摆渡一次，小孩一分钱，大人二分钱。我和我姐哪有钱啊，我们只有等，等有大人过河时，蹭上船去，老太太也不敢把我们推下水，只能骂骂咧咧让我们混过去。可有时，我们等半天，也没人来过河。过中午了，肚子真饿啊，我们望见二叔的家，太阳光打在他家的屋顶上，一群小鱼儿在跳似的。也望见我的两个堂弟，在家门口玩，他们快乐地跳着蹦着。也望见我二叔，进进出出的，在忙活着什么。他们是看见我和我姐的，只当没看见。亲戚家走动的次数多了也就不香了，且他们家也穷，每回都要添上我们两碗饭，那得让他们多喝好多日子稀的。在当时，我和我姐的思想还远没这么复杂，只是单纯地想着，我要过河去，我要去二叔家，也不管人家乐意不乐意。

多数时候是无奈的，没钱，那小脚老太太是不肯摆渡过来的。渡口安静，阳光成桶地倒下来，水也不流，风也不吹，小木船兀自泊在河对岸，像纸叠的似的，近着，又远着。我和我姐蹲在岸边的草地里，等啊等啊，一边无聊地揪着草根，真期望草根里会冒出二分钱来。有那么一回，我们这么揪着揪着，草根里竟真的跳出二分钱来，不知是谁遗落的，虽沾着泥巴，却是真真切切的二分钱。我们激动得心都跳出胸口了，把它反复擦拭，擦拭得亮闪闪的。二分钱从我手里，到我姐手里，再从我姐手里，到我手里，我们就这么来回地看着，乐着。我姐举着那二分钱，冲着河对岸，理直气壮地叫起来："过渡船噢——我们有钱！"老太太站在屋子前，用手搭了凉棚，冲我们瞅，研究半天，确信我们没有说谎，她这才拿了篙子，撑船过来。

小友谊之云篇

云是什么时候跟我走到一起的，实在说不清。这很像一阵风相遇到另一阵风，一滴水相遇到另一滴水，似乎是没有印记的事，却又那么自然而然。三岁的我，有了云这个玩伴后，很少再一个人去渡口玩了，我奶奶也从河南岸搬回河北岸的家里住。

云家离我家约摸二里路，我们四队有四分之一的人家，都住在她家住着的那个大屯子上。每天一大早，云就来找我了，杵在我家门口，用我奶奶的话说，像根木桩。云看我奶奶给我梳头，很有耐心地等着我。我奶奶总是怨我头发又密又多，我头发稍稍长得长一点儿，她就抓把剪刀，按住我的头，嚓嚓嚓，把边上的全给剪了，只留头顶一小撮儿，这一小撮儿，可以扎成一根小辫子垂下来。我的脑袋远远看过去，就像戴了一顶瓜皮小黑帽，拖着条小尾巴。

云是很羡慕我有这条“小尾巴”的，她没有。她的头上秃秃的，清清楚楚看得到她的头皮，那上面生着癞疮，流着淡黄的脓水。云摸我的小辫子，一下一下。她每摸一下，就跟我说一回，说她马上就可以留长头发了，也可以梳像我一样的小辫子。“我妈说的。”云这么强调。

我家穷，云家穷，一个村子的人家都穷。但穷与穷又有不同，有的穷得很整洁，有的却穷得很邋遢。我的衣服虽破虽旧，但被我奶奶拾掇得有棱有角。我奶奶的针线活也是没得说的，补的补丁，针脚细密均匀，如绣花。我脚上也有鞋穿，冬天运气好的话，还能穿上棉鞋，棉花絮得厚厚的。我妈只要一有空闲，手上总不离鞋底，一针一线速速地纳着。云的家却属于穷得很邋遢的那一种，云身上的衣服总是破破烂烂的，袖子都挂下一大块了，今天见着，那一块挂着，明天见着，那一块还挂着。跑起来，那一块在风里飘，像只大鸟在飞。云的脚上也有鞋，那鞋不知哪一年的，或许是她姐穿剩下的，或许是她哥穿剩下的。鞋是没有后跟的（被踩平了），她就趿着鞋走，即便大冬天的也是如此。云的脚看上去就有些恐怖，脚后跟咧开一道道鲜红的口子，往外渗着血水。脚面肿得跟小馒头似的，一遇大太阳照着，温度上来了，就痒得厉害。云做得最多的动作，是坐在田埂上，不停地搔脚。脚都搔破皮了，还要搔。

“我妈给我做绣花鞋呢，好看的绣花鞋。”云梦呓般地说。我对此深信不疑，甚至有些向往，绣花鞋呀，多神气。我就天天盼着云穿着绣花鞋来。云说，上面绣着小鱼呢。上面绣着小花呢。上面绣着小鸟呢。然而过去了好多天，还是不见云穿来，云依然趿着那双没后跟的鞋，看不出鞋的颜色，鞋底都磨破了。

“你的绣花鞋呢？”我追问。云低着头，半晌后才说：“绣花鞋被我弄湿了，我妈把它放锅膛里烤，被火烧掉了。”我真替云难过，回去说给我奶奶听，我奶奶笑了，说：“那个懒婆娘，哪里会做绣花鞋。”这话我听不大明白，我只怔怔的，想着云的绣花鞋没了，觉得失落得很。

云比我大两岁，却像个影子似的，跟着我。我说向东，她就跟到东。我说向西，她就跟到西。大家都叫她呆云。这称呼里，带着极大的轻视。云不在意，只管拿眼珠子瞪人，管你说什么，她就是瞪着你不开口。我尚不能理解那个“呆”字的含义，也没感到跟她在一起有什么不妥，我们除了吃饭睡觉，几乎都粘在一起。倒是我爸有次似无意地跟我妈谈起，说：“二丫头成天跟那个呆云在一起，跟后面怕是要变傻掉。”我妈说了什么，或者没说什么，我记不清了。之后，云依然一大早就跑来找我，杵在我家门口，看我奶奶给我梳头。我家里人也没有为难过她，不单没有，我奶奶有时还好心地帮她洗洗头，给她的癞疮上敷上一层土霉素粉子。

我们一前一后走着，提着小猪草篮子。大多数时候，我们是沉默的，语言对孩子来说，有时真是多余，只要有颗快乐的心。对，我和云的心里就装着说不出的快乐，我们懒洋洋地走在暖融融的阳光里，田野里总有太多好玩的小东西，蜜蜂、蝴蝶、瓢虫、蜻蜓、蚂蚱，还有一种吾乡人叫它楝牛的虫子。其实它不独独生活在楝树上，在一些蔬菜和庄稼上，也活跃着它的身影。它的前额突起，顶着两根很长的触角，形似牛角，却比牛角要柔软细长，像插着两根天线。我在写到这里时，特地去百度了一下，原来大多数地方叫它天牛。

好吧，天牛。我和云，还有其他村里的孩子，顶喜欢捉这种天牛玩。它在我们见过的虫子里，算得上是顶漂亮的，身上印着大小不一的白斑点，像穿了件黑底子白花的衣。它的上腭强壮，有时不小心被它咬上一口，会咬出血来。捉它时，我和云很有经验了，用指头按住它那像盔甲一样的身子，让它动弹不得，即使它再挣扎，发出“嘎吱嘎吱”的叫声，也逃不脱的。我用我妈的纳鞋绳牢牢拴住它的后腿，牵着它跑，觉得特别威武。

我们不玩这些的时候，就坐到墒沟边去劈泥块。墒沟边总堆着许多泥块，被太阳晒得干干的。我和云举着小镰刀，把一块劈碎了，像碎豆腐，接着再劈另一块。想象着那是在剁肉，或是在切菜，或什么也没想象，只是单纯地快乐着那样的一上一下。碎泥土摊了一地，我们能静静地玩上大半天。

我有时错过回家吃午饭的时间，我妈找来，揪住我的衣领，把我拎回家，一路上训斥：“你呆不呆啊，那些烂泥块有什么好劈的！”但过后，我和云还是常常跑去劈泥块，我们实在没别的意思，只是想和时光一起玩耍。

云突然要搬到红旗河南岸去住了。这个时候，我已五岁，云七岁。

我问云为什么。云说她也不知道。云说她妈妈不要她和小宝了，只要她哥和她姐，她和小宝要跟着她伯伯走，搬到河南边去，跟她瞎子奶奶一起住。这里且让我啰嗦一下，吾乡人称父亲，叫伯伯的居多，“伯”跟“百”一个读音，第一个“伯”读阴平，第二个“伯”读上声。还有一部分人称父亲直接就一个字，父，我爸叫我爷爷就叫“父”。当我姐出生时，我爸很文明地用了“爸爸”这个词，一遍一遍教我姐。我姐和我，再加我两个弟弟，很自然地，一律叫他“爸爸”。

而今，我爸很得意于他年轻时做过的几桩事，一是帮我们取名字。我姐取名敏，我取名梅，我大弟取名成，我小弟取名全，都是含了学问在里头的。就说我的名字吧，村子里叫红叫芳叫兰叫云叫英的，喊一嗓子，就会有好几个跟着后面应，都叫着这名儿呢，就是没有梅。大字不识一个的村人们，怎么会知道“疏影横斜水清浅，暗香浮动月黄昏”呢？我爸还很文艺地说，梅冰清玉洁，不畏严寒。后来，吾村姑娘的名字叫梅的多得泛滥，我爸撇撇嘴，很不满地说：“全是跟我学的。”我爸第二桩得意事是，他让我们兄妹几个叫他爸爸，而不是叫伯伯或父，这种文明的渗透，是终身受益的。三是得意于他拼命让我们读书。唯有读书才能改变命运，我爸对此信念坚定。我和我小弟都考上大学，吃上“公家饭”了，这成了我爸时不时拿出来显摆的事。

云是没有读过书的，用我妈的话说，学堂门朝哪边开她还不知道呢。云的父亲——孙加肥（这名儿挺怪的是吧，吾村很多人的名字都叫得这么有趣）是个很窝囊的男人，邋里邋遢，隔老远，就能闻到他身上的怪味。长相也丑陋，五官放在他脸上，乱得一团糟糕，根本分不清哪是眼睛哪是鼻子。走路时，他的大脚板拍在地上，一拖一拖的，很不利索。他的老婆嫌弃他似乎也有点道理，这样的男人，真不讨人喜欢。即便我是小孩，看着他也是不喜的。我奶奶却说是他老婆广凤不好，那个懒婆娘——我奶奶总是这么说广凤，“成天好吃懒做，要加肥养着她，就是家里有座金山，也被吃穷掉了。”我奶奶替孙加肥打抱不平。

我不大到云的家里去，我不喜欢孙加肥，也不喜欢广凤。小孩子的好恶观是很直接的，谁待人和睦亲厚，就跟谁亲近。广凤不是个和善的人，她的脸上少有笑容，我从来没见她笑过。她长相普通，但比村子里其他的女人要白，要胖，这与她极少到地里劳动有关。她成天呆在家里，也不记得她在做什么，或是在做饭，或是什么也不做，就枯坐在一圈光线里，晒太阳。她看见云就骂，骂得很难听，嫌云的猪草篮子里没装满猪草，嫌云拖拖拉拉像她那个死不掉的伯伯。云被骂得傻愣愣的，不知怎么办才好，只拿眼珠子瞪她，直到广凤大喝一声：“还不死出去！”云这才赶紧拖了猪草篮子，走出来。在路上，云趿着她那双没后跟的鞋，踢着路边的泥块，幽幽地跟我说：“我妈今天不高兴了才骂我的，我妈昨天没骂我，前天也没骂我，她对我可好了，还给我做鸡蛋饼吃。”哎，一提到鸡蛋饼，我的口水就下来了。我也只在生病时，我奶奶优待我，才给我做一回。云许诺我，下回她妈给她做鸡蛋饼吃，她会带给我。我等过那个下回，一直没有等到，也就渐渐淡忘了。

云搬走的那天，村子里好多人在一边看热闹。也没什么好搬的，就一个小包裹，里面塞几件破衣裳。孙加肥在前面走，云和她弟弟小宝在后面跟着。众人指指点点，议论一番，都骂广凤心狠，好歹这俩伢儿也是她身上掉下的肉。是夜，我妈和我爸谈论白天这件事，里面跳出一个我不知道的人名，寿根。“寿根要是不死掉，也就没这俩伢儿了，”我妈说，语气里，是同情云和小宝的。我听得一头雾水，又觉得里面藏着很大的秘密，那是关于云的身世的秘密。我姐比我大四岁，已有了探究的欲望，她在一旁插嘴问道：“寿根是哪个呀？”我妈斥责：“大人说话，小孩别插嘴。”却又回答了我姐的疑问：“那是玲子和新富的老子，死掉了，云跟小宝和他们不是一个老子。”玲子是云的姐姐，新富是云的哥哥，都已经是大姑娘大小伙子了。怨不得玲子和新富，看见云也是一脸的嫌恶。我虽人小，这回倒是听明白了，原来，广凤是死过男人的，那个男人叫寿根。

云被她妈一脚踢出去，像扔掉了一块破抹布，再不看一眼。云有时过河来，站在她妈的家门口，想讨得一点怜惜。她姐看见了会骂，她哥看见了会骂，广凤看见了更是骂，骂得云再不敢再去了。偶尔来，也是离得远远的，脸对着她妈的家，呆呆看。

我与云的小友谊，在云搬去红旗河南岸后，也就基本结束了。尽管不久之后，我家也搬去了河南岸，与她家仅隔了两户人家的距离。但我们之间，走动得少了，我再跟她呆在一起，变得矜持起来，慢慢的，我们不再来往。

云也没有时间再陪我发呆，她有她要忙的事。她奶奶是个瞎子，要她照应。她父亲又是个不顶用的，要她帮衬。她后面还跟着个年幼的弟弟小宝，要她带着。下田干活，扫地做饭，浆洗缝补，她样样都要做。她头上也长出头发来了，又黄又稀。个子却蹿长，手臂粗圆。看见人也还拿眼珠子瞪着，不怎么开口。

我有时从她家门前过，低矮的几间草房，被茂密的树笼罩了，显得又小又暗，很荒凉的样子。她的瞎子奶奶坐在屋子前，一声一声叫："我家云哪去了？我家云哪去了？"我也没瞅见云，她或许又到地里去了。

有一回，我从那里过，透过树隙，看到一屋的老奶奶，围坐在一张桌子前，一律戴着镶黑边的帽子，穿桃红对襟褂子，气氛诡异。我很害怕，小跑着走开。多年后，我回忆起那样的场景，分不清是梦还是现实。我说给我妈听，我妈说："哪有那么多的老奶奶啊。"我说给我姐听，我姐说："一定是你眼睛花了。"小时，总遇到这样灵异的事，比如有一次，夜里，我和我姐起床上茅坑，茅坑是单独砌在外头的，在屋角。外面的月光好得很，地上像铺着一条银毯子，轻软闪亮。我们踩着这样的银毯子，往屋角去，突然看到那里蹲着两只雪白的小羊，听见响声，就跑了，沿着我家门前的田间道，箭一样射出去。很快，两团雪白的影，融入到银白的月色里，世界一片安静，月光洒落的声音都听得见。我们傻了，站在那里。后来去察看我家的羊，一只也没少，好好的都在羊圈里呆着呢。第二天说给大人们听，大人们也都惊奇，热议一番，最后我奶奶说："那是菩萨送来的财啊，被你们吓跑了。"

没多久，云的瞎子奶奶死了，像一粒水被风吹干，基本上没什么声响和印迹。云在十八岁那年定了亲，那男的我看见过几回，是个小木匠，个子矮小，很瘦，但很精神。待人也热情客气，遇到我们村子的人，不管认识的，还是不认识的，都主动打招呼。云很满意，她在门口给那男的洗衣裳，轻轻唤："树存，树存。"且唤且笑。树存应该是那小木匠的名了。云和所有恋爱中的女孩一样，变得又羞涩又幸福。

婆家来行大礼，送了十八斤一只的猪蹄膀给孙加肥，孙加肥乐得合不拢嘴。村里人跟着莫名地兴奋，大家遇到了，都要对此事议论一通，语气里不无羡慕。十八斤一只的猪蹄膀，啧啧，出手真大方。都说呆云有呆福，婆家有钱，她掉进蜜罐里去了。婆家也给广凤送了礼，广凤把礼收下，客气话却没有说一句。

云很快出嫁，指望着广凤这个亲妈能到场。有人去叫广凤，广凤的话说得绝绝的："她走她的阳关道，我过我的独木桥，要我去有什么用！"云哭着走了。

孙加肥患绝症时，云已有了两个孩子，全是女儿。婆家是想得个男孩的，结果失望了，对云也就没有开始那么好了。云的男人后来出去搞装潢，渐渐混成个小包工头，和云闹过离婚什么的。最终，云的婚姻，也还维系着。

孙加肥临死的时候，云去求广凤来，见上最后一面，广凤把云骂出门去。分居多年，所谓的夫妻，早已名存实亡。孙加肥的葬礼，村里好多人去了，广凤也没有去。曾经的恨，已长成她心头的肉瘤，再割不掉了。

广凤另两个子女，景况并不好，大姑娘玲子嫁人后，过得穷困，极少回娘家。大儿子新富打了一辈子光棍，村里人都说他是个“二吞子”。不知道是不是这个“吞”，我以为照字面上解释应该是，吞子吞子，生不出孩子，类似于过去的太监，是娶不了老婆的。广凤也得了病后，衣不解带守在她床边的，只有她不认的这个姑娘云。云一直服侍到她过世，自始至终，她却没说过半句暖云心窝的话。身边的钱财，也都悉数分给了玲子和新富，云没有得到分文。云在广凤死后，大哭，问人：“我妈为什么要这么对我？”心是被伤得彻彻底底的了，却在清明上坟时，早早提了丰盛的供品，去广凤坟上祭奠。

我回老家，遇见过云一两回，四十来岁的人，苍老得像五六十岁。她说：“梅你现在享福啊，哪像我们。”我只讪讪笑着，不知拿什么来回答她。

小友谊之兰篇

我六岁这年，我家从红旗河北岸，搬到红旗河南岸。虽相隔不远，还是一个生产队住着，但对我来说，那种兴奋腾跃，是没有什么能取代的。新的地方，天是新的，地是新的，眼中所见万事万物，无不是崭新的。老房子拆了，能用的椽子和门窗，都被用到新房子上。背河而建的三间新草房，都是砖垒的墙。屋顶盖着簇新的茅草，泛着迷人的金黄色。有青瓦沿边缘铺一道檐沟。这样的房吾乡人称之为“瓦道檐”，比纯粹的茅草房高档了许多。

我帮着提一些零碎的东西，一遍一遍往来于河北岸和河南岸，骄傲得不得了。新屋落成，村人也多来帮忙，一些孩子围着看稀奇，一个叫兰的小女孩也在其中，短发碎碎地铺在她头上。跟我一样的，她也有一张圆鼓鼓的脸。两只大眼睛一直盯着我看，我也盯着她看，这么看着看着，我们都笑了。兰先走过来，碰碰我的手，我也碰碰她的手，很自然地，我们玩到了一起。

兰的大名叫周纯兰。周家在吾村算得上是“名门望族”，这基于周家的人，个个都是识文断字体面着的。兰的大大（吾乡人称伯父都叫大大的）在无锡做事，具体做什么事吾村没人知道，也没兴趣知道，吾村人只认一个死理，那就是大凡能在城里安身的，都是有本事的人，何况是在无锡那样的大城市。彼时，吾村还没几个人到过无锡。在吾村人的想头里，那应该和上海北京差不多，是华丽丽的一团，闪着金光的。

在夏天，兰的大大领了老婆孩子一道回来，看望兰的爷爷。三个城里人穿得光鲜，皮肤白得透明，像从年画里走出来的。周家门庭若市起来，那几日，周家天天大宴宾客。黄昏时，兰穿着她大大带回的粉红色乔其纱的衣，在门口拍一只彩色的皮球，黄昏的金粉倒了她一身，那景象，流光溢彩。

兰的父亲周天怀是吾村小学的老师，我上小学后，做过我两年班主任。那时两家关系还没交恶，他和我爸在地里头碰见，彼此都很客气，谈到我，他说了一句我至今还记得的话，他说：“她是条大鱼，我们学校水浅，不够她游。”极力怂恿我爸把我转去教学设施和质量较好的戴庄学校念书。我爸果真信了他的话，后来想办法把我转走。为这，我爸还跟他那个做校长的小学同学拍了桌子，校长说，好学生他们坚决不放的。两个人争执半天，最后请动了大队支书出面，到底把我转走了。

兰的母亲紫霞是我们队的记工员。那时的记工员权力很大，分配社员干什么活，记多少工分，基本上都是由她和队长说了算。

这里我得解释一下“工分”这个词，工分，是我国历史上农业生产合作社、人民公社计算社员工作量和劳动报酬的单位，年终社员可凭平日工分累计，结算口粮和钱。我妈是劳动积极分子，年年被评为优秀社员，工分最多，但年终结算下来，往往是分不到多少口粮和钱的。我妈说，都被干部们分了。我妈嘴里所说的干部，除了队长、会计外，就是记工员了。

那时，吾村人见到的最大的官就是大队党支部书记。其次是各生产队的队长、会计和记工员。大队支书一般是不大见得着的，队长、会计和计工员，倒是天天能顶面。吾村人对他们既仰慕又敬畏，谁家砌个锅灶砌个猪圈啥的，都要把他们当老爷请回家去吃顿饭。书记正常忙不过来，多大一个村啊，这家请那家请的，难得到场。有时派了他家的老婆孩子去，也算给了天大的面子了。

吾村曾流传过一个笑话，说的是真人真事。一户人家砌猪圈，割了肉，请支书队长等一行人去吃饭。支书那天闲着，居然也就上门了，把那家人激动的，如皇帝驾临哪。逢人便告，支书上我家吃饭来了。肉在锅里炖着的时候，这家的孩子围着锅台转，眼珠子都快掉锅里了。做妈妈的就安慰孩子说：“乖乖，忍着点，等支书他们吃完了，剩下的，全给你吃。”肉端上桌了，孩子躲在房间的帘子后，眼眼望着桌上。这家人谦恭地立在一旁，不停地劝支书吃肉，您请吃肉。支书也真的一块一块大口吃了，哪里想到孩子，最后连肉汤也给泡饭吃了。孩子那个急啊，从帘子后冲出来，哇哇大哭，边哭边骂："你个狗娘养的，你们一块也没给我留。"

紫霞做记工员，跟在队长后面吃肉喝汤自然少不了，村子里谣传她跟队长有一腿，沾了不少的光，家里顿顿能吃上白米面。这也只在背后说说，见了她的面，都是客客气气的。寻常的日子，紫霞的三个孩子，也能抱着半个大馒头，站在院门口吃，馋得一帮孩子直流口水。他们吃的时候，我都别过头去，不看。我奶奶夸："我家的伢儿就是有骨气，人穷志不短，人家再好吃的东西，也没眼睛看。"我奶奶根本不知道，背地里，兰会偷拿多少东西给我吃。

我在回忆兰的时候，更多的是与吃连在一起的。我第一次见到苹果，是因为兰。我第一次见到大白兔牛奶糖，也是因为兰。苹果和牛奶糖，都是兰的大大从无锡带来的。它们像一袭清甜的风，把闭塞的村庄吹开了一道口子，让我隐约知道，外面还有一个世界，应该跟海龙王的水晶宫差不多，里面装着数不清的好吃的和好玩的。

苹果又大又红，被兰的爷爷——那个不苟言笑的周老头，用篮子装着，吊在房屋顶上。周老头严重警告过他的孙女兰，不许跟我一起玩。在他眼里，我是贫贱的，又家庭成分不好，没准会带坏他家的孩子。

在吾村，周老头的做派最贵族，一根洋拐棒撑着，从村子西头，走到村子东头的小商店去，身子是不会倾斜一点点的，头一直高高昂着，眼睛直视前方。当时的小学课本里，有篇文章很出名，叫《半夜鸡叫》，讲一姓周的恶霸地主剥削长工的故事，长工们都叫地主周扒皮。这篇文章妇孺皆知，周老头也就顺理成章被村人们叫成周扒皮。我爸看见他那不可一世的样子，总要从鼻孔里哼出一声，我爸也是瞧不上他们家的。“如果不是这个时代，哪轮到他周扒皮猖狂！”我爸说。这些话我听不懂，但我知道我爸很有能耐，吹拉弹唱，样样都会，还写得一手好毛笔字。也模糊知道，我们家原是个大家族，很是兴旺，我家祖上曾出过举人。当然，举人是什么对我来说不甚明了，就是个很了不起很了不起的人吧。

大人们的复杂与我们小孩子无关，我们只关心野花野草蜜蜂蝴蝶，只关心苹果萝卜馒头干山芋干。兰总有本事把吊在房顶上的苹果偷出来，每次偷一只，我们一人一半分着吃。我们躲在某棵庄稼下面吃，一棵玉米，或是一株棉花。玉米在我们头顶上抽着粉红的穗，棉花在我们头顶上开着艳粉的花，我们像两只小田鼠，咔嚓咔嚓，苹果的甜，就一点一点渗进我们的小心窝。

乡村里，到处都是草垛子。我们更喜欢的是，把草垛子扒开一个洞，钻进去，草垛子就像一座温暖的小房子了，我和兰坐在里头，嚼馒头干或山芋干。馒头干是蒸熟的馒头，切成一块一块薄片，放日光下暴晒，晒得干干的，能听见脆响。咬一口，嘎嘣，再咬一口，嘎嘣，像现在孩子嚼的薯片。那是我们当时最向往的零食了。寻常之家，哪里有，也只有兰家里才会有。山芋干倒是多的，跟馒头干一样的做法，把新挖出来的山芋，切成薄片，暴晒几个大太阳，水分全晒干了，用袋子装着储藏。煮粥时丢一把进去，煮饭时丢一把进去，能从冬吃到夏。大人们是不大准许我们当零食吃的，那是口粮啊，但他们哪里看得住，我们总有办法偷一点出来吃。我们嚼得咯吱咯吱，路过的大人奇怪草垛子里的声音，以为是老鼠，扒开来看，看到两个小孩团在里面，都哄笑起来。兰为这事挨过周扒皮不少打，但泪干了，挨打的事也便忘了，我们就又偷偷粘在一起，嘎嘣嘎嘣。实在没什么可吃的，我们就去挖菟丝草的根来吮。或者剥了一种叫苦裹的植物的花苞苞吃，软软的，绵绵的，略有甜味。或去地里偷掰几节玉米秆子，当甘蔗来嚼。我们多像羊啊。每一个人，其实都是大自然的一只羊，这个秘密只有孩子才知道。

队里晒场放电影。我和兰一遍一遍跑去察看，从打桩，到升起白幕布，到放映员测试喇叭，我们一步也没落下。晚饭时，我家居然做了一道菜（平日难得有菜，顶多是抓一把咸菜搁桌上）——莴苣叶子炒青蚕豆。青蚕豆能吃了，一家人奢侈地尝个鲜。我奶奶分给我一小碗，我把莴苣叶子吃了，青蚕豆一粒一粒省下来，把上面的汁液吮净了，装兜里，我要带给兰吃。我和兰手拉手站人堆里，过一会儿，我就递给她一粒青蚕豆。再过一会儿，又递给她一粒。我们就那样，在人缝里分享着一兜青蚕豆。

那沾着我口水的青蚕豆，把周围的空气染得香香的，把周围的人染得香香的。过后，屏幕上放了什么，我们一点也不记得，却记得那香，把两个小姑娘的心都染香了。

我跟兰除了吃，还一起玩过许多童年游戏——跳绳、踢毽子、跳格子、跳皮筋、拍火花。那个时候的孩子，都有收集的爱好，收集的宝贝有香烟盒子、糖纸之类的。最爱的是火柴盒子，上面有漂亮的贴画。也是到一些年后，我才知道，它有个漂亮的名字，叫“火花”。玩拍火花的游戏，玩的是个巧劲，把火花搁地上，正面朝上，如果能把火花拍反过来，就算赢了。有时用力过猛，火花反倒纹丝不动，用力必须是刚刚好，不疾不徐，能连续赢好多张。我和兰都是玩这种游戏的高手，如果四个人玩，我们肯定结成一组。

我和兰做过几年小学同学，每天一大早，我们背着书包一起去上学，放学再一起回家。那时放学早，太阳还在天上高高挂着呢，老师就宣布放学了。也没多少作业要做，我们倚了一堵土墙，跳绳，跳格子，踢毽子，总要玩到天黑透，回家免不了要挨一顿骂，有时甚至会挨打，可是，玩的吸引力多大啊，第二天我们依然故我。小学四年级的时候，班主任换成兰的父亲周天怀。兰不笨，但学习却不行，一个拼音教上几十遍她也不会拼。数学更是一团糟，四年级的时候，一百以内的加减法，她也常会算错。为这，她在课堂上被周天怀打，兰的眼泪在眼眶里滚，但就是不掉下来。周天怀用极难听的话骂她，像村妇骂街似的，听得我们目瞪口呆。

这年，我转去了戴庄学校读书，离家有十来里路。与村小学刚好是相反的方向，一个向西走，一个向东走，我和兰，从此成了分道扬镳的两个人。兰小学毕业后就不念书了，回家务了农。最初遇见，我和她还会在田间地头闲话两句。后来再碰见，她躲着我，我也躲着她，竟自陌生起来。而当两个家庭，因土地交界处谁占了谁的地儿等一些鸡毛蒜皮的事，交恶起来，我们彻底陌生，再不曾说过一句话。

我结婚，是守的老家的风俗，从老家出嫁的。同一天结婚的，还有兰。

吾乡的婚俗，嫁姑娘都是在凌晨之后进行的。午夜十二点一过，抢喜神的人家就忙着把姑娘塞进花轿，谁抢在前头谁发财。

我这边正在与我爸妈叙话，烛台的光，罩着影影绰绰的人，竟不似真的。就听见噼呖啪啦的鞭炮声，响彻整个村子，把黑夜给生生炸开了一道口子。我爸瞥一眼时钟，说："过十二点了，周天怀家在抢喜神呐。"我妈说："让他们抢去，看他家兰以后能发什么横财。"我坐着，什么话也没说，竟自微笑起来。想象着兰做新娘的样子，觉得怎样都是好的。

后来，我也从家里出发了。

我和兰，再也没有遇见过。

猫有九条命

乡下孩子，没有一个不亲近猫狗的。有的也亲近鸡鸭牛羊，还有兔子，给它们取上温暖可爱的名字，比如猫叫花花、朵朵或咪咪。狗叫大黄、小黑或花斑。

我们兄妹几个，曾一度渴望养只狗。狗跟人亲，特别跟小孩子亲，跳前跳后，跟护卫似的，如果谁家小孩有了一只狗跟着，那是相当威武的事。但那时家家口粮紧张，人都养不起了，哪里还有闲情再添一张嘴？我们每次提要求，每次都被大人拒绝，终死了心。

猫却不一样。猫吃得少啊，小梅花嘴一舔一舔的，天生的斯文样。一小瓷碗的粥，它能舔上好几天。而且猫还会自己给自己找吃的，改善伙食，逮条鱼逮只小雀什么的，全不在它的话下。

猫更多的是，逮老鼠。

穷家里，本就没多少吃的，偏偏老鼠又来打劫。它们成群结队，前赴后继，大白天也能在家里窜上窜下，肆无忌惮。我们睡觉时，它们活动得更为猖狂，简直有要把我们赶走它们好取而代之的野心。它们在屋顶上赛跑，脚步声像战鼓在擂，轰隆隆，轰隆隆。家里的土墙，都用芦苇做壁帐，它们在壁帐里开起联欢会，咯吱吱，咯吱吱，热闹得翻了天。有时，它们乐得得意忘形，会在我们枕头边嬉戏。常听村人谈笑，他夜里睡觉，又压死一只老鼠。

过年，我们好不容易能分得一点饼干糖果，舍不得吃，藏着，最后基本都被老鼠瓜分了。你藏得再深再隐蔽，老鼠们也有本事找到。有一年正月初一，我姐一早醒来就号啕大哭。她除夕晚分得的糖果和糕点，很珍惜地装在她的新衣兜里，可恶的老鼠吃掉糖果和糕点也就罢了，何苦要把我姐的新衣给咬上碎碎的洞？那年头，过年最大的盼头，就是能穿上新衣裳。很多人家的大门上，都贴这样的对联：吃大肥肉，穿花洋布。人人盼穿新衣的，却未必每年都能如愿。这年年景好，我妈一高兴，给我们每个孩子扯了几尺花洋布，做了一件新罩衣，我们乐得就差有对翅膀飞上天了。却硬生生被那些死老鼠，把这团快乐给搅了。那个新年，我姐没获得半点安慰，还被我妈狠揍了一顿，一家人过得很不开心。

猫来了。

猫是带着使命来的。

猫的使命就是对付老鼠。

我家先后养过好几只猫。有竹叶青的。有花斑纹的。有全白的。有全黑的。留给我记忆最深的，是一只叫咪咪的黑猫。

咪咪是怎么来到我们家的，我是一无所知。就像早上睡醒了，一睁眼，窗外的那棵歪脖子枣树在着呢。那种理所当然天经地义，是不用去问为什么的。

我们爱跟咪咪玩，把它搂在手上，抱在怀里，它总是很享受地闭着眼，咕噜咕噜。冬天，它爱钻我们的被窝。我有时故意把被头塞得紧紧的，半夜里，它从外面归来，带一身霜的味道，在我枕头边咕噜咕噜，用小爪子抓我的被头。最后，它总能取得成功，钻进被子，一直钻到我的脚边，很舒服地蜷起身子。我的脚，就搁到了一团软软的毛上面，做起梦来，都是轻软暖和的。

大人们是不喜猫上床的，不是嫌它脏。猫可干净了，上床前，必把自己的脚和身子，一遍一遍舔干净了。大人们是怕猫在温柔乡里，忘了它的职责的。有时，看见它上床，就吆喝一声，把它喝骂下床。猫实在聪明，似乎听得懂人的话，它一被骂，立即垂头夹尾的，跳下床跑了。是心存愧意的。

当冰凌在茅草屋下挂有几尺长，夜深，尤其寒冷。咪咪晚上才被骂了，它记着呢，不敢上床，它就跑去厨房里钻锅堂。夜饭时，锅堂里留有的麦灰，这时，尚有余温的。咪咪就躺到麦灰里。清早我奶奶去做早饭，引了火进去，咪咪突然惊醒，从火里窜出来，把我奶奶吓一大跳。这样的情景，总要反复出现，以至我奶奶再做早饭时，会先用火剪，在麦灰里捣上一捣。因了几次三番在火中历险，咪咪的眉毛被烧焦了，胡子被烧焦了。有时，身上的毛也被烧焦多处，成一只“烤猫”，浑身散发出焦糊味。我们围着它笑，它还莫名其妙得很，拿两只圆溜溜的眼睛瞪我们，一脸的无辜。

咪咪的历险记中，还有与蛇斗，与老鼠药斗。那年头，蛇也多。家里时时有蛇来造访，粗粗的身子，在壁帐里游。我们吓得惊叫，咪咪却无知无畏地冲上去。蛇竟是怕猫的，从不敢蛮战，总是速速逃走。咪咪意犹未尽，在壁帐那儿蹲守。

与老鼠药斗，咪咪就不那么幸运了。有次外出，回来时，咪咪就口吐绿沫子，倒下去了。我奶奶有经验，一看，就说，这畜生吃了老鼠药了。乡下人对付老鼠，最常见的办法就是下药。药掺在油饼里，诱惑老鼠吃下去。往往老鼠没吃死多少，却吃死不少馋嘴的猫。有时，也有孩子误食，那家大人火急火燎，把孩子送去村卫生所抢救，一路的脚步纷乱。抢救的办法就是灌碱水，一盆一盆地灌下去，灌得那孩子一个星期都爬不了床。我奶奶就警告我们，不能吃扔在墙角落的油饼，吃了，会被灌碱水的。

我奶奶不慌不忙，给咪咪开肠破肚（天知道她哪里会这个），用一水桶的碱水清洗，而后，再用棉线把咪咪的肚子给缝了起来。我们都伤心得要命，以为咪咪准死了。可它真是命大，隔几天，居然又活蹦乱跳的了。我奶奶说，猫有九条命呐。我们很羡慕，都以为咪咪有特异功能。

咪咪是捉老鼠的高手。

它几乎每天都要捉上几只。也不立即就把老鼠咬死，而是当它的玩具玩，像小孩子玩球一样的。可怜那老鼠，像只皮球似的，在咪咪的爪子下滚来滚去，逃生不得。咪咪总要玩到兴趣索然，才一口咬死老鼠，把老鼠尸首拖到我奶奶跟前邀功。

我奶奶拍拍它的头，夸它几句，它得意得直甩尾巴。有时，还会得到意外的好处，我奶奶会舀一勺鱼粉赏它。那鱼粉是我奶奶在做红烧鱼时，留下鱼头和鱼肠在锅里慢慢煎成的，专门留给咪咪加餐。

老鼠们都惧怕咪咪，有咪咪在家，老鼠们都变得小心翼翼。即便有行动，也比往常要隐蔽多了，收敛多了，轻手轻脚的。我们能睡个安稳觉了。咪咪成了我们家的功臣。谁的碗里还有好吃的，都会给它省下一口来。它养得那叫一个膘肥体壮啊。

民间流传，四脚白的猫，是不大养得住的，有顺口溜是这么说的："四脚白，家家跑"，又有谚语"狗是忠臣，猫是奸臣"。

咪咪身体其他皆黑，就四只脚雪白雪白的。我奶奶有些嫌它的四脚白，说："归根到底是养不住的。"

也就真有过那么一两次失踪，屋前屋后遍寻，全家都在唤，不见。一连数天如此。我奶奶就说："这畜生肯定是野掉了。"我爷爷在门后拴把笤帚，用这个办法招迷路的猫回家。也是奇怪，不几天，果真见咪咪回来了，一副逃难的样子。我们欢喜不已，骂它："怎么就知道回来了？"它却装着没事人似的，围着你的脚跟亲热地打转转。

没有人知道，它到底去了哪里，又到底干了些什么。再多的惊涛狂澜，到了它那里，也成了波平浪静。日子又一如既往起来，它钻锅膛，钻被窝，逮鱼逮鸟逮老鼠，或在墙头上伏着，与时光一起打盹。

我家也就要搬家了。

我爷爷捉了咪咪，放进一蛇皮袋中，扎牢袋口，像搬瓶瓶罐罐一样，把咪咪搬到河南岸的新家去。我们在厨房里刚把蛇皮袋口解下来，咪咪就箭一般射出来，射到门外去，不顾我们热烈的呼唤，头也不回，一溜烟跑了。

出去找过它，没找到。也在门后拴把笤帚，招它回来，多天了，仍不见回。渐渐的，也就不找了。我奶奶说："重抱一只吧。"

却在一次晚饭时，关紧的厨房门，突然被顶开，咪咪的头，探进来。它把我们一家人数望一遍，那眼神真是说不清，委屈有，思念有，忧伤有。等我们反应过来，齐齐惊呼："咪咪！"它却又是一扭头，跑了。

我爷爷去老房子那里翻捡，想看看还有没有可用得上的东西，比如瓦片哪，一截木头哪，小玻璃瓶哪。老房子已不存在了，断壁残垣都没有了，只有一地的废墟。我爷爷正埋头在里面翻找，突然听到“喵呜喵呜”的声音，他回头一看，竟是咪咪。我爷爷试图捉住它，它立即跑得远远的，不肯跟着走。

我们听说了，心疼不已，真不知它是怎么渡过河去，又怎么跑回老地方的。后来，我和我姐去老地方，果真看见了咪咪，它瘦得前胸贴后背的，瘸着腿，还瞎了一只眼，无比凄清地对着我们叫，恋恋的。

我抱起它，起初它还安静，任由我抱着。等我们试图带它离开，它却挣扎着跳下去，跑开了。

再过些日子，我爷爷去了老地方，发现咪咪死了，死在那里。

我的心里，掠过很深的悲哀。我想不明白，不是说猫有九条命的吗，咪咪怎么就死了？

生命，到底还是脆弱的。咪咪也不例外。

陌上花开蝴蝶飞

这世上，最让人惆怅的事莫过于，你曾经经历的蓊郁葱茏，都被时光的那只小手，拂得干干净净，烟尘也没留下一粒。某一天，你试图遁着从前的路，想走回去，却早已物非人也非。风还在吹，水还在流，你却找不到你的过往了，仿佛你从未曾出现过。天地迢遥，山长水渺，你想凭吊，也无所附丽了。那种失落，才真正是疼，疼得慌。

有时半夜睡醒，我会突然想起从前的一些小光阴。弯弯的田埂。冒着炊烟的茅舍。蜷在土墙上打盹的黑猫。木槿花围成的篱笆院落，花红一朵紫一朵地开着。岁月的波光涛影啊，它们在我的心头流啊流。

我睁眼痴痴地想上一想，四周漆黑，万籁俱静，我犹如孤岛。我知道，回不去了。我的村庄之于我，是陌生的了。我之于它，亦像是天外来客。故乡偶尔还是回的，却每每靠近，都有点像踩着唐时贺知章的脚印，怯了又怯——儿童相见不相识，笑问客从何处来，真的就是那样的。

陌上花开蝴蝶飞，江山犹似昔人非。还是趁我尚有记忆的时候，让我在记忆里打捞一把吧，以慰相思。

我穿鞋，总是鞋头先破。

新鞋穿上没两天，脚趾已露了出来。

不单单是我，那时的小孩，都是这样的。我们走路从来没有正儿八经过，好好的路放着不走，却专门爱挑那些坑坑洼洼高低不平的地方走，也爱翻沟爬渠。总之，是要带点挑战性的。

路上遇到水洼子，我们踩水洼子。遇到泥块，我们踢泥块。遇到碎砖，我们踢碎砖。遇到小石子，我们踢小石子。实在没什么可踢的了，我们就踢路边长着的小花小草。可怜了那些小花小草，就那么好脾气地任由我们踢着，早也踢，晚也踢。反正，我们的脚是不能闲着的。

布鞋经得起我们几回踢？我妈的一针一线，很轻易地就被我踢破了。回家的挨打是免不了的，可就是不长记忆，再走路，依然不会好好去走，把路上能踢的东西都踢个遍，沉醉其中，满心欢喜。

想来，四平八稳的生活，连小孩也不喜的，日子里总要擦出点小火花，那才叫有意思吧。

我穿裤子，也总是裤兜先破。

我妈晚上帮我脱裤子，准会在裤兜里倒出一堆的“宝贝”

来：小石子，玻璃瓶底，小瓦片，树叶，泥块，芦苇枝、蜗螺壳……有时，还会有小虫子，像蚂蚱之类的。

我妈边倒边骂，讨债鬼，你装这些垃圾做什么啊！

吓得不敢吱声，怕一吱声，我妈的巴掌就拍过来了。

也还是不长记性，到第二天，裤兜里准又装上这些玩意儿了，乐此不疲。我姐也是。我弟弟也是。害得我妈没完地替我们补着衣裳。

在一个孩子的眼里，所有的物，都值得亲近，且是万金不换的宝贝。

有一段日子，我特痴迷于挖灶台和造小房子。

提了猪草篮子，说是去割猪草，其实哪里是。到得地里，猪草篮子被扔到一边去，我开始挖灶台。泥堆出台子。泥做出锅碗瓢盆。我在灶台上做“饭”做“菜”，好一个热气腾腾。玩到日落，还不想回家。

也用芦苇茅草搭建小房子。有次，我在桑树地里，整出一小块空地，用树枝软草，盖了一幢小房，我捉一只虫子进去，代替我住着。用桑树叶代替鸡几只，鸭几只，放在房前，想象着它们正在自在地觅食。我还在房顶上插满小野花，自认为把它打扮得很美，一日三回跑去看，真真是欢喜得不得了。夜里兴奋得睡不着，睁着眼还瞎高兴半天，也不知道高兴个啥，仿佛藏着一个天大的小秘密。

我奶奶追着鸡跑，终发现了我的小秘密。她嘟噜着骂着什么，很生气地捣毁了我的小窝。树枝和软草，被她拾回家，做了引火草。

我独自难过了很久。

现在想来，我从小就表现出大众化的庸常来，亲近凡俗，热衷于一灶一锅，一瓢一勺，一庭一院。我注定了一辈子只有在烟火里才得心安。

远房亲戚家，新过门的媳妇生了小孩，家里大人商量着，要去送月子礼。

十月里，正是收获季节，地里的活儿一着接一着，谁有那闲空走亲戚？大人们称回几斤馓子和红糖，为谁去送这个礼作了难。我人小，在一边却听得兴奋，仰了头说："我去。"这等走亲戚，总是好处多多的，在亲戚家，我肯定能吃上糖水泡馓子。这小算盘，我可拨得噼啦响。

我妈果真让我去了。她就那么放心的，让一个才五六岁的孩子，去往陌生地。多年后，我妈叹息着说："有什么办法呢？那时穷啊，大人要挣工分啊。"

那个远房亲戚家，我从未到过，亲戚也是我未曾谋过面的。但无知者无畏，我雄赳赳气昂昂地扛着小竹篮，就上路了。一路走，一路记着我奶奶交待过的，要过四座桥，要转五个弯。

好吧，我爬过四座桥去（那时桥都是木桥，留很大缝隙，我是不敢走着的，只能爬）。我转了五个弯，一个村庄呈现在我跟前。棉花地连着棉花地，茅草房连着茅草房。我穿过一块棉花地，再一块棉花地，在一排茅草房前徘徊，并不担心找不着亲戚家。小脑袋里转着那样的念头，新生了小孩的人家，门前肯定晾着尿布的，亦肯定晾着婴孩的小红衫。刚出生的孩子，都穿这个，这我知道。我有限的人生经验里，竟无意中装进了吾乡的很多老风俗。

循着晾衣绳上的尿布，和院门前桃树上晒着的婴孩的小红衫，我没怎么费劲，就找到了亲戚家。亲戚全家惊奇得不得了，那个我叫大妈的妇人，弯腰抱起我，使劲亲，她不相信地一声声问："小乖乖，你怎么就摸到的，你怎么就摸到了？"

我如愿吃到了糖水泡馓子。还收获到回礼一份——两只大饼，纯白面粉做的。

当天，我凯旋而归。晚上，一家人围在灯下，翻看着我带回的两只大饼，热切地问了我很多很多，路上怎么走的，又怎么摸到那个大妈家的，大妈说了些什么，我又说了些什么，吃了些什么。问了一遍又一遍，我答了一遍又一遍。

我妈跟我聊天，提及到我小时的这件事。我妈说："你从小就聪明，那么小的人，能摸那么远的路，还知道新生了小儿的人家，门口要晒小红衫。你命大福大，以后会有享不完的福的。"

我很含蓄地笑了。我没告诉我妈的是，我只是被那碗糖水泡馓子牵着去的。

想望一场雪。

雪也总不来。好些个冬天，风也是冷的，水也是寒的，天却冷得拖泥带水的。

从前的冬天，却不是这样的。天说冷就冷，干脆，果断，彻底。雪一下就是几昼夜。冰凌在屋檐下挂着，一根根，晶莹闪亮，远观去，一排，像水晶帘子。

我们拿它当冰棍吃。手冻得通红，像红萝卜。脸也冻得通红，像红苹果。却不觉得冷，还是要往外跑，小狗样的，在冰天雪地里，撒着欢。

大人也没时间管我们，随我们到处野去，穿得不多也是不要紧的。小孩屁股后面有三把火，我奶奶说。天尽管冷得嘎嘣嘎嘣的，我们却很少被冻坏了，连感冒头疼也少有。

最喜欢的是玩冰。在冰上打冰飘，比赛谁飘得远。小河里的冰，结有几寸厚吧，打冰飘不过瘾的，我们都跑去冰上溜着。便常有意外发生，玩着玩着，脚下的冰突然裂了缝，抽身不及，“扑通”掉下去。幸好是大冬天，都穿着棉衣棉裤，一时半会沉不下去，也都能被及时救上来。

我姐经常翻老黄历，对着我小弟。说某年的冬天，她走在去上学的路上，见到我小弟的花棉袄浮在水面上。当时，周围一个人也没有。她伏到冰块上，硬是用牙齿咬着我小弟的棉衣，把他给拽了上来。我姐说，那时，她也只是个孩子，不过十一二岁。

这惊险的一幕，我小弟毫无印象。我姐对此很不满。我救了你的命呐，不是我，哪有今天的你，我姐说。

我小弟心里早就认了，嘴却硬，说她是讲故事。

每年，我奶奶会挑一只母鸡，让它抱窝儿。

抱窝儿的母鸡很敬业，一动不动伏在窝里，伏在一堆鸡蛋上。然后某天，我尚在午睡，耳边就听见了雏鸡的叫，叽叽，叽叽，外面的天光都被这稚嫩的声音，唤得青翠流转起来。

一群小鸡，毛茸茸，粉嘟嘟的，试探着在地上走，走得跌跌撞撞。母鸡领着这样一群鸡崽，出门去，风光无限。

我对母鸡实在好奇，以为我们人，也像母鸡孵蛋一样，这么给孵出来的。我偷拿了鸡蛋，学母鸡的样，孵。结果，鸡蛋在我身下碎了，蛋黄蛋清糊了一身，被我奶奶捉住，狠揍了一顿。我奶奶一连唠叨了数日，说我是败家子。她痛惜着那几只鸡蛋，可以换到几斤盐的。

我后来还偷试过两回，不成功，终死了心。

糊里糊涂参加过一次追悼会，一个大人物的。

是春末夏初的天，村人们神情庄严，悄悄传说，谁谁谁死了。

谁死了？小孩多嘴问。立即被大人警告，不许瞎问。村部设了灵堂，白色的幔子拉起来，中间一个大大的黑色“奠”字。一二年级的小朋友也被告之，要参加追悼会，叫我们回家准备白衬衫。我们小孩只管在心里高兴，觉得自己被当作大人看待，这是其一。更重要的是，可以不用坐在教室里，可以看见一群又一群人聚在一起，多热闹啊。

一堆儿的姑娘婶娘在叠白花，手底下开满了小白花，雪一样白，那么多，都快成河流荡起来了。我真愿意她们就那么叠下去。

白衬衫哪里有呢？我妈没法，弄了件她洗得泛白的衫子，给我套上。我一直拖到脚面上，像穿了件长裙子。别一朵小白花在胸前，——这都是好玩的事。高兴啊，真恨不得天天开追悼会。却不敢在脸上显露出高兴来，学大人们的样，让表情沉重着。

一队一队的人，走进灵堂去。有人在前面喊，一鞠躬。二鞠躬。再鞠躬。哀乐声循环播放。

出门，外面的阳光晃花了眼。人们都扯下胸前的小白花，扔到地上，脸上的庄严肃穆倏忽不见。我站在阳光下发愣，这就算完了？我略略有些惆怅。地上“开满”了小白花，真漂亮啊，我真想捡了它们回家。

做了一回小贼

三毛写过一篇文章叫《胆小鬼》，说的是她小时偷拿母亲五块钱的事。她揣着这五块钱，像揣着一团火，烫得她一整天魂不守舍，父亲的一个眼神，母亲随意的一句话，都让她如坐针毡。她变得爱脸红，烦躁，不肯讲话，吃不下东西，像害了一场病，最终，她把这五块钱再偷偷放回去才安了心——小贼到底是不好当的。

每个小孩，都有过这样做小贼的经历。所贪的也并不多，只为喜欢的画片，只为喜欢的跳绳，只为喜欢的小人书，只为向往中的那一口甜，一口香，就冒着被大人们捉住的危险，做了一回小贼。偷盗的手法又幼稚又拙劣，处处欲盖弥彰，然又折磨着小小的心，做人有了不光明。物质的欢愉到底是短暂的，精神的折磨才是长久的，这样的滋味尝过一次，便不想再尝。

在我五六岁的时候，也做过一回小贼。

想想我家那时人气该多旺啊，三间草房子，挤着大大小小十几口人，我爷爷我奶奶，我爸我妈，我姐，我大弟和我，我小娘娘，我小叔叔，还有我奶奶的养母，我们叫婆老太的，当时被接来我家养老。

后来我小弟也出生了。

婆老太八九十岁了吧。在孩子眼里，那个年纪的人，都老得非常遥远。婆老太大多数时候是躺在床上的，整个人没在一片幽暗里。那间房里搁着三张床，我、我姐和小娘娘在一张床上睡，我爷爷我奶奶带了我小叔叔在一张床上睡，婆老太一人独占一张床。靠南窗还搁一张古式书桌，木是上好的紫檀木，是我奶奶的陪嫁，上面放着木梳、铜镜、我奶奶的簪子、一盒百雀羚，外加一只陶罐。陶罐里装过炒米，过年时还装过糖果糕点。还有一口小闹钟，上面有公鸡，着红冠的鸡头，不停地啄食着，上下，上下，滴答，滴答。我生病时，躺床上无聊，就盯着桌上的那只小闹钟看，一看就是大半天，也不觉枯燥漫长。我惊奇着那只公鸡怎么总也停不下来，它着红冠的鸡头一直在啄啊啄的，不知疲倦。那时不懂，时间哪有停下来的，时间总是快马加鞭一路向前，它不等任何人。

婆老太有时叫过我和我姐去，手指着书桌底下，说那里有很多的小鱼在跳，叫我们去捉。我们就跳着笑着，说婆老太骗人。我奶奶说，婆老太老糊涂了，阎王爷快上门来叫她了。那意思我们大体上懂，是说婆老太快要死了。我们不觉得死的可怕，笑着跑进房里去，跟婆老太要求道："婆老太，你死后不要变成鬼来迷我们哦。”婆老太一口答应：“乖乖，婆老太不会变成鬼来迷你们，婆老太舍不得迷你们。”我们听着，开心，忙着去告诉给奶奶听。现在想着，我婆老太面对死亡的从容，真真让我佩服，她的衰老枯萎一点不叫人悲伤，反倒喜滋滋的。一场告别也只是结束一个旅程，踏上另一个旅程，去往她该去的地方。

也就到了六月。阳光好得像透明的玻璃球，骨碌碌满世界滚着。吾村家家晒伏，把衣箱里的衣帽鞋袜，床上的被褥枕头，统统捧出来暴晒。我奶奶也把婆老太的床单被褥捧出来，门口拉上长长的挂衣绳，我奶奶抖抖被子，晾上绳去。我当时在边上玩耍，眼睛突然亮了，我看见一张绿色的票子，从被子里掉出来，掉到下面摊晒着的一堆柴草里。我奶奶浑然不觉，她继续忙着晒这晒那，一会儿屋里，一会儿屋外。我却动了心思，眼睛不时瞟向那堆柴草，我知道那是钱，我亦知道，用钱可以到村部小店里买到糖吃。

我慢慢挪到那堆柴草前，用脚踩住那张绿票子，趁我奶奶再转身进屋之际，赶紧弯腰抓起来，团在手里，塞进裤兜。却做贼心虚，看着我奶奶，脸涨得通红。幸好我奶奶在忙碌，一点也没留意我。我跑过去，讨好地帮着她拿这拿那，跟前跟后。我奶奶终嫌我碍了手脚，说：“梅丫头你外去玩吧。”我巴不得她这么说，如逢大赦，一溜烟跑了。

村部小店是公社给配给的，每村配有一家。守店的店员亦是公社派下来的，吃着公家粮的城里人。在吾村守店的店员姓吴，吾村人都喊他吴会计。吴会计三十多岁，中等身材，白而胖，见人一脸笑，很和气。吾村人对他敬重得很，屋前屋后的自留地里，种点瓜果蔬菜，都拣最好的给吴会计送去，我奶奶就着我送过几回扁豆和丝瓜。吴会计感激得很，在我提回的空篮子里，放上三四颗水果糖。糖被我们几个小孩分着吃了，那意外的甜，让我快乐了好一阵子。

吴会计常年住在店里，店铺不过一间，用货架隔了，里面住人，支着床铺，搁着脸盆脚盆等一应用品。外头是店面，货架上摆着杂七杂八的东西，如针头线脑，油盐酱醋，灯罩碗碟，铁皮的文具盒，色彩鲜艳的橡皮和卷刀，还有女人扎头的方巾等等。货架外头横放半人高的柜台，柜台的一角，蹲着两只大肚子的玻璃瓶，里面装着红红绿绿的水果糖，一分钱可以买两颗。吃干净了糖，那糖纸是宝贝，我们挑一张红的，对着太阳照，太阳是红的。换一张绿的，对着太阳照，太阳是绿的。也有孩子小恶作剧，拿糖纸包了虫子，或是泥块，伪装成水果糖，扔在路上，然后躲到一边，看经过的人，很高兴地捡起那颗“水果糖”。

靠店门的地方，倚墙摆着三口大缸，一缸是酱油，一缸是菜油，还有一缸，装的东西常有变化：中秋的时候，是一缸月饼；过年脚下，是一缸白糖或糖果。缸边摆着吴会计烧饭用的炊具，一汽油炉子。吴会计在上面煨肉，小蓝火一跳一跳的，肉香袅袅不断地飘出来。那时我觉得做吴会计是顶富有的，拥有一屋子的甜和香，想吃白糖就吃白糖，想放多少油就放多少油，还有肉吃。

话说这天晌午，我攥着那张绿票子，在金晃晃的太阳下一路小跑，跑到小店门口，手心里汗渍渍的。我一眼瞅见柜台上的玻璃瓶，里面躺着红红绿绿的水果糖，心里却慌张着，一时不敢进去，只在店门口转来转去。吴会计站在柜台里，手里在忙活着什么，他只当我是玩儿的，也不抬头，也不招呼，小孩来玩，只当小狗来串门儿。一人进来买东西，我等那人走了。再来一人，我又等那人走了。我手心里热得发烫，浑身躁热不安，瞭不见再有人来，我终鼓足勇气，走进店里去。柜台比我的人还高，我踮起脚尖，举着那张绿票子，举到柜台上，小声说："吴会计，我买糖。"吴会计探身过来，他很奇怪地看看我手里的绿票子，看看我，收下钱，从大肚子的玻璃瓶里，给我抓出几颗糖来。

我幸福地独享了那几颗糖，糖纸被我藏口袋里。到底是做了贼的，我害怕被发现，磨蹭着等嘴里的糖全部消融干净，并再三用袖子擦干净嘴唇，确信闻不出糖味了，这才回家。家里一切太平，婆老太的被褥，仍晾在太阳下。一堆的柴草，仍摊在场上晒。墙头下一丛凤仙花，仍开着红的花黄的花。厨房里，我奶奶也一如寻常，把碗筷摆上了桌，一大盆玉米稀饭冒着热气。家人陆续回来，也就要午饭了。

吴会计突然来我家，着实吓了我一跳，我赶忙躲进房里。

他是午后来的。他跟我奶奶在堂屋里说话，低低咕咕一通，我奶奶千恩万谢送他出门。我从房内出来，赫然瞥见堂屋的方桌上，躺着一张绿票子。我奶奶看见我，笑了，说："死丫头，你偷拿婆老太的钱买糖吃了？你知道这是多大的钱啊，这是两块钱啊。幸好吴会计是个好人，把钱给送回来了。"我觉得羞惭，自己倒先哭起来。我奶奶不理我，把那张绿票子收起来。后来，我爸我妈回来，我奶奶把这事当作笑话，讲给我爸我妈听。我爸我妈也笑一回，亦是十分感激吴会计。

这回做小贼的经历，让我好多天不敢去村部小店，不敢看见吴会计，在他心里，我一定是个小贼，一想到这，我就羞愧难过得很。偏偏这时我奶奶着我去打酱油，我无法，大热的天，翻出一件棉袄套上，我以为，这样吴会计就认不出我来。我提着酱油壶，满头大汗走过去，一路上遇见的人都奇怪着，这么热的天，这丫头怎么穿着棉袄。我吭哧吭哧跨进店门，吴会计诧异地看着我，乐了："梅丫头，你家大人怎么给你穿了棉袄，养痱子的啊？"

我相当惊慌，头低得没法再低，恨不得地上有个地缝可以钻进去。回家的路上，我垂头丧气，沮丧万分，我这等把自己包裹起来，吴会计都认出来了，他实在是个厉害的人。

第二辑

桃花红

村庄安稳，世事静好。所谓人间仙境婉转清扬，莫不是那样的了，有艳阳照着，有桃花开着，有人在走着。

猪崽事件

我躺在襁褓中的时候，外面一个世界早已风雨如晦，地动山摇。

却很少落到我的梦里面。

我安静地睡在我的摇篮中，吮着小指头。我奶奶说，我乖得很，很少哭闹，让人省心。

是不是那时我把眼泪都给积攒着，留着长大后再哭呢？我严重怀疑。成年后，我是动不动就热泪双流。有时看电视，看着看着，也会红了眼圈。日月江河，阡陌人生，仿佛都与我关联着。

我姐比我大四岁。风雨飘摇的年代，她多少有点印象。她在“风雨”中蹒跚学步。她在“风雨”中咿呀学语。她在“风雨”中，背着我妈用头巾缝的小书包上学了。总有填不完的表格，表格里有家庭成分一栏，每每填到，教我姐的老师，都用极度鄙视厌烦的口吻对我姐说：“填上，快填上，你家是破落地主。”

据说当时我家受到不小的冲击，我爷爷病重在家，一些人也不放过他，用门板抬了他去批斗。家里能砸的东西都被人砸了。能抢走的东西，都被人抢了。大门上的两副铜环，也被人给卸了。一边门板上给刷着黄漆一行："要听党的话。"另一边是："要跟着党走。"那个卸走我家铜环的人，后来的命运并不因多了两副铜环而变好，他早早死了老婆，有两个女儿，一个患有侏儒症，一个腿有残疾。村子里别家都渐渐富起来后，他家仍住着茅草屋。某天，他被人发现死在堂屋中央，是趴着死的，死因不明。两个女儿也不知去了何处。一个家，渐渐被荒草淹没，直至，再无痕迹。

我姐在学校的日子不好过。她和别的孩子吵架，吵着吵着，那孩子丢下一句狠话："打倒你个破落地主！"我姐立即哑了口，败下阵去。那是短处。被人捏住短处，是如何也动弹不得的。

一吉姓老师也竭尽全力欺负我姐。课上到一半，就把我姐提到讲台前，让全班孩子批斗。七八岁的孩子，懂啥呢？只能哭。哭着跑回家，委屈得要命。

我爸那时血气方刚。他跑到学校，把整我姐的吉姓老师大骂一通，套用了当时流行的很多语录，骂得吉姓老师哑口无言，却又发作不得。结果是，我姐在学校被孤立了，从此，对念书上学再也没有感兴趣过。后来，我姐初中没念毕业，就怎么也念不下去了，自己搬了凳子回家，扛起锄头走向田野，说干活比念书更有意思。

小时的经历，对一个人的影响是巨大的，有时，甚至会改变一个人的一生。我们兄妹四个，就我姐学历最低，只是个初中生。也只有我姐在家务农，泥里滚土里爬。我姐常常感叹，若是晚出生几年，她肯定不是现在这种活法。

我念小学的时候，已经是天晴日暖的了。

也极少要填表格。老师也很重视我，还让我当了小班干，第一批戴上了红领巾。

偶跟同学骂架，同学骂不过，最后扔出一枚“炸弹”，骂我道：“破落地主！”我虽不明白什么意思，但觉得羞惭，当即矮了下去。但这也只是极偶然的事件，总的来说，我的日子，是山河明丽着的。

也就到了年脚下了，村子里洋溢着年的味道。各生产队组织人下河捕鱼，站一河两岸的人观看。鱼白花花的，在阳光的岸边跳着，像洒着一堆碎银子。晒场上开始宰猪宰羊，猪叫羊叫的。哪家的烟囱里，飘出蒸馒头的味道，闻着，真让人快乐。我提着成绩单的一角，飞奔回家。我爸站在家门口看着我飞跑，远远问：“二丫头，考得怎么样？”我不懂什么考试，只把成绩单高举着。我爸看看成绩单，上面全优，很高兴，对我妈说：“这丫头是块读书的料。”我看着他们高兴，想趁机提出新年要做件新衣裳，这时，就听到锣鼓响，很喧闹的那种响法，震天震地。

家门口开始有人在跑。一个，两个，三个，一群人跑起来。很快，有消息传来，说是戴万旺出事了。

戴万旺我认得，在村子里养猪。那时，村子里都设有猪场，有专人负责养猪。设有牛屋，有专人负责养牛。我爷爷放过一段时间牛，我跟着他在牛屋睡过。冬天，西北风撕扯着屋顶上的茅草，屋子里，却暖和得像春天。牛的体温高，打出的喷嚏，都带着一股热流。我是极愿意呆在牛屋里的。

戴万旺人长得高大，遇谁都点头哈腰着，高大的背，看起来有些驼。他会讲笑话，还会唱《红灯记》。有时，队里集中开会，会结束，大家就说："戴万旺，讲个笑话来听听。"他就点头哈腰答应一声："好。"大家或者要求："戴万旺，你唱一段《红灯记》吧。"他亦点头哈腰答应一声："好。"好脾气得不得了。他唱起来，声音跟说话时有些不一样，似乎能穿透墙壁穿透屋顶。我有时跟着我妈去开会，人小，听不懂，却依然觉得好听。

村上让宰猪，戴万旺居然把一头母猪给宰了。那母猪，怀着十只崽。

这等于是谋杀。

戴万旺拼命解释，说那是头病猪，说是有干部让他宰的。可是，没有干部承认这事，他的话，就成了谎言。

他被人五花大绑起来。十只猪崽，被装进一只麻袋，拴到了他的脖子上。

锣鼓声中，他被一堆人推着搡着，游村。人越聚越多，使得一支游行队伍越拉越长，众人的神情，更趋向于看热闹的意思。有人振臂高喊："打倒戴万旺！"喊着喊着，就喊成了一条声，在村庄上空回荡。人人都被扇动得莫名地兴奋起来，那是最后的疯狂。戴万旺整个的人，恨不得匍匐到地上去了，死猪崽在他胸前滴着血水，淌了一路。

阳光突然散去，冷风吹着。天变得阴恻恻的，要下雪了。

雪终于落下来的时候，戴万旺死了。

采取的方式是，上吊自杀。

消息在清晨的雪地里漫开。一夜的大雪纷飞，村庄银装素裹，美得像玉雕的似的。所有纷繁杂乱的脚印，包括那一路的血水，都被遮盖得严严实实。

村人们三五成群，聚在一起，议论一番，摇一摇头，莫明所以的叹息，发一回呆。然后，踩着积雪，嘎吱嘎吱，各回各的家去，收收洗洗，准备过年。小孩们出来玩堆雪人，打雪仗，闹腾欢跃。

年的气氛，越趋浓烈。鱼分到家了。肉分到家了。大红的喜钱和对联，都准备妥帖了。年三十晚和初一早上的鞭炮，该买的也都买了。

我奶奶在刨萝卜丝，准备做馒头馅，突然停下来，望着门外，叹了口气，说了句：“戴万旺真可怜，他家这个年，哪里过得起来啊。”

我听得怔怔的，有点难过。也不知为什么，就那么的难过。然很快，这种难过就被馒头的香所取代，被过年的快乐所取代。

戴万旺有个儿子，叫戴军，和我同班，长得眉清目秀的，特别活泼好动。他爱揪女生的辫子。爱模仿电影里的地主婆，翘着兰花指说话。爱唱顺口溜，张嘴就来，一串一串的，老把我们逗得发笑。

开过年，我们都到学校报到，戴军却没有来。后来听人讲，戴万旺一家在戴万旺死后，都去了他乡，戴军自然也跟着去了。直到我离开村小学了，戴军也没有再出现过。

桃花红

我家为什么不长桃树呢？这个简单的问题，几乎困扰了我的整个童年。

家前屋后，地方宽敞得很，栽一两棵桃树，完全是游刃有余的事，却偏偏没有。问过我爸，我爸说，那时，饭都不得到嘴了，哪有那闲心情栽桃树。

说的也是。穷家里，整日里为温饱奔波，桃犹如仙盘中的神物，是沾不了人间烟火，当不了饭吃的。

却有人家长着桃树的。院前，或是屋后。最惹眼的是春暖花开时，一树的桃花，红粉艳丽，像仙女舞霓裳。衬得树下走着的人，如在画中走着。寻常茅舍，也全变成画里的了。村庄安稳，世事静好。所谓人间仙境婉转清扬，莫不是那样的了，有艳阳照着，有桃花开着，有人在走着。

桃树挂果时，逗引得我们小孩子肚子里的馋虫，不舍昼夜地爬着。我们日日仰头望向那棵桃树，粒粒青果，在我们的仰望中，渐渐长大了，饱满了，欢实了。但到底是人家的树，再怎么望，也只能是望梅止渴。

我姐领着我偷过一两回桃。那种惊险，是不消说的，惹得狗叫人追的。好不容易偷摘到一只，我姐和我，一人一口，分着吃了。那是我吃过的最甜的桃。此后的数年间，我吃过无数的桃，有人曾带给我无锡惠山的水蜜桃，整箱的，却都不及我小时吃过的那只桃甜。

我和我姐坐在田埂上，桃子的汁液，仍留在唇齿间，甜甜蜜蜜的。晚霞布满了村庄上空，鸟雀喧闹着从头顶上飞过，我姐望着西边天说，长大了，她要嫁给长桃树的人家。

我深以为然，拼命点头，跟着她后面向往。

黑辫子家也长有一棵桃树的。

就让我叫她黑辫子吧，我是不知道她的名字的。

吾村下设八个生产队，各生产队之间，往来不多，虽是同村，见面未必相识。我家在四队，黑辫子家在二队，且她比我大很多，不是同代人。

我上村小学，是要从黑辫子家门前经过的。那里两排房子，一家挨着一家，一律的茅舍，鸡犬相安无事。一条小路，东西横亘，小蛇一样的，从两排房子中间穿过。路旁杂草野花随意生长，有的都跑到路上来了。也长树，槐树或是苦楝树，全无规则地长着。上学的路上，我从不寂寞，踩着花的影子草的影子树的影子，一家一家看过去。

黑辫子是什么时候吸引我注意的，我记不清了。记忆里，是那样水粉艳阳的天，她家门口的桃花，开得轻舞飞扬，云蒸霞蔚。我从那里走过，看着一树的花，很是惊异。美有时是让人惊慌的。怎么可以，怎么可以那样！我虽是小孩，被这样的美突然撞了一下，也是吃惊得很的。

然后，我就看到了黑辫子。我从那里走过无数次，却是头一回看到她。她的人，比桃花更令我惊异。她个子高高的，穿一件红格子外套，脸庞圆润，眼神清亮。应该新洗过头发吧，她长长的黑发如瀑，披散着，手里抓把木梳子，站到一树的桃花下，开始梳头发，一边梳，一边扭头和屋内的人说话。她整个的人，仿佛罩着水粉，是柔风吹皱春水，叫人生生地陷进去，只管傻傻地看着，不知道怎么办才好。

她很快辫好长发，一条粗黑的长辫子搁在胸前，花影飘拂，她好比是万千朵花镶成的一个人。她发现了呆站在那里的我，冲我笑了一下，进屋去了。一地的红粉艳阳，也被她带进屋子里去了。

我变得爱走那条小路，每天四趟。

走到黑辫子家门口时，我总慢慢磨蹭着，对着黑辫子家东张西望，是想看到黑辫子的。黑辫子有时在家，有时不在。我看见过她妈妈，很矮小的一个妇人，上了年纪，我该叫奶奶。她哥哥长得矮壮，跟她完全是两个样子。她嫂子瘦瘦的，高颧骨，面相看上去有些凶。她哥哥有两个小孩，一个女孩，一个男孩，女孩比我略小些，男孩跟我姐差不多大。男孩有次可能犯了什么错，被她哥哥捉住打，哇哇乱叫着。

黑辫子在家时，我偶尔还会见到她梳长头发，站在门口的桃树下。长头发被她编成一条粗黑的长辫子，搁在胸前，或垂在脑后。她的人，是比桃花还艳的。也见她蹲在门口洗衣裳，袖子挽得高高的，露出小麦色的肌肤。我还见她担水归来，两只水桶，在她的身前身后晃晃悠悠，她不像是在挑水，像是在跳舞。我还听见过她教小女孩唱歌，坐在桃树下，一句一句，声音温柔清甜。她还陪小女孩在家门口跳绳玩，笑声金豆子似的，坠落一地。

我羡慕过那个小女孩，她可以天天跟黑辫子在一起。我心里生出愿望，我长大了，要长成黑辫子的样子，梳黑黑的长辫子。把袖子挽得高高的，洗衣裳。我也唱歌，也挑水，让水桶在我的扁担上晃晃悠悠。

我还要栽一棵桃树，让它开一树艳粉的花。

那日放学，我照例走过黑辫子家门口。

远远看到一堆人聚在那儿，乱哄哄的，气氛怪异。还有人在不断地往这边跑，边跑边搭着话："什么时候的事？"

"也就刚刚。"

"怎么知道的？"

“她妈妈去地里挑羊草回来，发现家里的门被从里面反锁了。”

“唉。”问的人叹息。

“唉。”答的人叹息。

我从人缝里挤进去，眼前暗暗沉沉，天光被遮住了似的，一条粗黑的长辫子，却那么显目，从门板上垂下来。门板上躺着的，竟是黑辫子，她紧闭着双眼，一动不动，任周围人声鼎沸。村里的赤脚医生也在，他把粗粗的针头，扎进黑辫子的胳膊里。

关于黑辫子上吊自杀的事，很快在村子里风传开来。说她看上了一个青年，两个人私下里要好，她嫂子却硬把她许配给一个做木匠的瘸子，并且收了木匠家的彩礼钱，给自己娘家的兄弟娶老婆。黑辫子不同意，早上起来，跟她嫂子大吵了一架，一时想不开，就上吊了。

她那个高颧骨的嫂子，大概听到村里人的风言风语了，叉着腰，在家门口跳着脚骂：“哪个瞎嚼舌头的在嚼舌头？不得好死！”

那个时候，她家门前的桃花谢得差不多了，一地残红。春已走到尾声了。

黑辫子被救活了。

被救活了的黑辫子，却失掉往日的灵气，变得痴痴呆呆。

我上学，还从她家门口过，每日四趟。也总会看到她，站在门口的桃树下。她不再拿着木梳子梳头发，把长发辫成一条粗黑的长辫子，而是呆呆望着一处虚无，傻傻地笑。有时，她会跑到路口来，拍着手跳着唱，东方红，太阳升。

她粗黑的长辫子很快被铰掉了。

她的衣裳，变得又破又脏。

她趿着一双破布鞋，追着人跑，首如飞蓬。

大人们开始叮嘱家里的小孩，不要从二队那个疯子家门口走，疯子是要打人的。我也被大人们这样反复叮嘱。

我很听话，虽有千般好奇万般不舍，再去上学，却也绕路而走。

年年的桃花仍如约而开，还是那般红粉明艳，婉转清扬。一个村庄，被三五棵桃花点缀着，像荡在云霞中。

大屯子

我家还在红旗河北岸住着的时候，邻居少。小孩子却爱串门子，自家是呆不住的，爱去别人家门口晃。用我奶奶的话说，没个魂灵在家。除了吃饭睡觉归家外，其余时间，几乎都在外头游荡。

我活动的范围一般有两大块，一块是过渡船到河对岸去。我们队的晒场在河对岸，有一半的人家也住在河对岸。晒场上可玩的就多了，队里的仓库建在那儿，“丁”字型的茅草屋，有七八间之多。牛屋猪屋搭在那块儿，整天牛哞猪拱的，热烘烘的。旗杆子竖在那儿，上面有红旗飘扬。旗杆子旁边一棵老槐树上，吊一口老钟。上工时有人敲，当当当。下工时有人敲，当当当。开会时也有人敲，当当当。村人们踩着钟声上工、下工，或集合。晒场上还垒着一垛一垛的草垛子。在草垛子上掏洞，钻进去蜷着，是极舒适的，我有时会这么做。

另一块是我家东边的大屯子。那个大屯子上，房子纵向排开，树木杂乱无章生长，人烟稠密。屯子左首边一条小河南北流向，各家有台阶下到河里。水边搁一桥码，基本都是木头做的。人踩在上面，日常的刷洗淘汰，都在那里进行。好多人家的吃水，也到这河里挑。我家的吃水，就是挑的这条河里的。有月亮的晚上，我陪我妈来挑。河里跳着很多个月亮。水桶里也有。房屋上也有。树木花草上也有。满世界都有。一个村庄，是盛在一只银碗里的。有户从城里下放来的人家的桥码旁，奢侈地长着睡莲。我头一回见水里面开花，开那么红艳的花，害怕得很。想到大人们讲的鬼故事，以为那是鬼变的。

屯子的右首边有道渠沟，也是南北方向。渠沟里大多数时候是干涸的，被野花野草们占领。也有芦苇跑来占一席地方。有人家把羊扣在那里，任羊随便吃去。冬天，一场雨后，渠沟里蓄着水，会结冰。小孩子扎堆儿在这里玩冰。鞋袜都玩湿了，冰凉渗骨，回家，又要挨一场打。可玩的时候，是顾不上这个的。渠沟往西，地势稍低，铺展开来的，全是田畴。小麦地，玉米地，棉花地，山芋地，一块连着一块。弯弯的田埂道散落其中。人从那田埂道上远远走过来，看上去又遥远又寥阔。

云的家住在这个大屯子上，我外婆的家也住在这个大屯子上。寻常日月落在上面，都像别有着一番好意。我晃着晃着，就到了这个大屯子上。外婆家是必去点个卯的，矮小的外婆会炒点蚕豆或是黄豆，装我兜里。当然，大多数时候是没有的。外婆家也穷，拿不出什么来。我不计较这些，我晃去并无目的。像小猫小狗，它们成日里也在村子里乱转，它们也无目的。对一个小孩来说，走着，不让脚闲着。看着，不让眼睛闲着。听着，不让耳朵闲着。动着，不让手闲着。总之，不让时间闲着，或许就是她的目的罢。

大屯子上的人家，就数戴木匠家过得最好了。戴木匠是个沉默寡言的男人，我对他的印象，就是他弓着腰眯缝着眼，埋头刨木头的样子。他仿佛整天做的就是这事。村子里家家的柜子桌子凳子，都是他做的。请了木匠到家，那家便顿顿像过年，再怎么没钱，也要整出三四个菜来招待木匠师傅的。我真想家里天天有木匠做活，但那是不可能的事。

戴木匠的女人跟戴木匠性格完全相反，她快人快语，往往是人未到场，声音已到了，是典型的刀子嘴豆腐心。在村子里算得上厉害角色，没人敢惹她。我妈还在做姑娘时，和她结拜成干姊妹，我们兄妹都唤她姨娘。我妈之所以跟她结拜，有没有想找个靠山的想头？不知。有这个姨娘撑着腰，我妈也没人敢欺负的。

我们家喝元麦粥，黑乎乎的，吃在嘴里，味苦，难吃。这个姨娘家却有大米打底，或是纯米粥。我大弟最怕喝元麦粥，那么小的人，竟然绝食，饿昏过去，是这个姨娘端来一碗米粥，救了我大弟。随后又送来一小袋米，让我奶奶另做了给大弟吃。我们家有事，这个姨娘必第一个到场帮忙，里里外外，风风火火。她是比嫡亲的姨娘要好的。我们兄妹不亲嫡亲的姨娘，却亲她，只把她当作家里人。

她有儿子名贤，比我姐长五六岁，两家人说过要结亲之类的话。我再看见贤，就替我姐感到不好意思。也不知道为什么就那么不好意思，心里面又感觉到亲，是一家人的那种亲。贤后来子承父业，也做了木匠，娶的人却不是我姐。我被选作小伴娘，半夜三更陪着贤等一行人去接新娘子。众人骑着自行车，在黑地里，也没有人说话，一去二三十里。

到得新娘子家，被迎进去吃点心。新娘子在房内哭，旁边有人劝着，语声呢喃。灯光里晃着对联和喜钱的红。贤腼腆地坐着，耐心地等新娘子出来。新娘子被人搀出来了，红棉袄，绿棉裤，戴了墨镜，我看着，很是诧异，觉得做新娘子的尊贵神秘。新娘子被贤抱上了自行车，我跟着出来，往回走。黑地里，依然没有人说话。

回到我们的村庄，贤的家却是另一番样子，烛火高照，笑语喧哗，鞭炮放得噼呖啪啦。新娘被搀妈搀进婚房去，姨娘一把把我搂住："我的伢儿，冻着你了。"塞了一个红包两袋喜糖给我。我一面欢喜着，一面遗憾着，要是新娘子是我姐该多好啊，贤怎么不等我姐长大呢。

却没有人记着这码事。他们似乎都忘记了当初的约定，只我记着。

这个时候，我小学快毕业了。

朱家也在大屯子上住。和我外婆家是邻居，一前一后。

我去我外婆家，站在屋角头，朱家的动静，全落到我的眼底来。

通常会看到朱奶奶。瘦瘦的一个妇人，头发在脑后挽成髻。她喂鸡喂羊，洗衣做饭，总在忙碌。她家院子前，长棵石榴树，石榴开花是顶顶好看的，红艳艳的，比过年贴的红喜钱还要红。我不知石榴是可以吃的，其他小孩也不知。秋天，石榴缀满了树，也没人去偷摘。朱奶奶会摘了石榴，放墙头上晒。有孩子上吐下泻，打针吃药都不管用，那家人赶紧跑到朱奶奶家，讨上一颗陈年石榴，和了土毒素在锅里熬，吃一两次就见效了。

我从未走近过朱奶奶家。听大人们谈过，她很早就守了寡。她的人看上去，面色沉郁，亲近不得。小孩是顶会看人脸色的，至少我是这样，喜欢和善，远离着沉郁。

朱家有两个儿子。大儿子早已成家另过，家里就朱奶奶和小儿子两个人。小儿子二十开外了，名叫书存。身材挺拔，长相英俊，是村子里为数不多念过高中的人。他极喜欢看书，我每见到他时，他都手执一本书。有时在田埂上走着，肩上还扛着锄头，手里却捧着一本书在看。有时在他家门口，听到他大声念书，周遭的空气，都被他念得摇动起来。布衣青衫，风华正茂，一树的石榴花映着，实在是比画还好看的。

夏天到了。

夏天真是炎热。当一轮胖胖的红日，从大屯子那头缓缓升上来时，吾村已像搁在火炉中了。

大人们夜里三四点就起床，趁着早凉，到地里干活。棉花地里的肥要追。玉米地里的草要锄。瓜地里的瓜秧要浇水。庄稼地里的活计，永远做不完。鸡也被打破生物钟了，半夜里就开始啼，喔喔喔，喔喔喔。整个村子累得人仰马翻的，人人都欠着一堆的觉要补。

我奶奶在天蒙蒙亮时，就把早饭做好了，盛在白瓷盆里凉着，等我妈开完早工回来，一起吃。这天，我们照例摆好碗筷，等着我妈。太阳已升到一两尺高了，热气扑面，突然就听到东边大屯子那边传来哭声，撕心裂肺的，很是瘆人。我妈慌里慌张回来，说："书存死了。"

我跟着大人们往那边跑，田埂道上全是跑去的人，跑向一片玉米地。玉米地里，书存直挺挺躺着，眼睛紧闭，双手交叉在胸前。他的头旁边，搁着一本诗集。身体上方，茂密的玉米植株，一棵挨一棵，犹如青纱帐。

朱奶奶被人拉着劝着，哭得气都喘不上来了，她断断续续诉说："早上他出门时，还说，妈，我把玉米田的两行草锄掉，就回来吃早饭。""他前天还跟我说，妈，到秋天，我就结婚，让你早点抱孙子。""他还说，妈，以后我会让你过上好日子的。"众人也都红了眼圈，想不通，好好一个后生，怎么就喝农药了。

老街上很快来了两个戴大盖帽的公安，他们对现场一通勘查，找几个人询问了一些话，便走了。戴木匠去朱奶奶家帮书存做棺材，村里的男人，也都跑过去帮忙。女人们则去帮着折纸钱和做饭。众人叹息着，种种猜测都有，最终也无法得知，书存到底因了何事，而走上绝路。我奶奶用一句话做了总结，书存怕是被鬼缠上了。我独自一人不再去大屯子那儿晃，有时，远远看着，也觉得害怕。

书存订了婚的对象，也是我们村的，叫凤英。凤英在书存死后，几次三番哭昏过去。后来，神经出了问题，常常一个人，跑到书存的坟上去哭。

几年后，凤英另嫁他人。她仍没有忘记书存，还是常去坟上哭。她的男人对她极好，不责怪，不埋怨，有时甚至还陪了她来，在一边劝解。他们后来育有一个女儿，生得眉目如画。

夏之殇

我是顶喜欢过夏天的。

夏天可以像条鱼似的，尽情地泡在水里面。

吾村的孩子，十个有九个都是泡在水里面的。一整个夏天，凡是有水的地方，都有孩子的欢声笑语在回荡，扎猛子，蛙游，仰泳，狗刨，都是无师自通。

当然，也不单纯是玩，穷家里的孩子，都会替家庭算计了。人人手里捧一只面盆，或脚盆，捉鱼捉虾，摸河蚌，摸蚬子和蜗螺。清瘦的餐桌上，变得富饶起来，能摆上咸菜蒸小鱼，河蚌烧豆腐，韭菜炒蚬子，或是韭菜炒蜗螺。

我爷爷如果兴致上来了，还会把我和我姐摸回家的蜗螺，拿老虎钳子一只一只夹去尾尖，洗净。我奶奶放上油盐、辣椒、红糖和醋，大火烹炒。我们一只一只吮吸，佐料的香，和着螺肉的香，全进了嘴里。那美味，打嘴不丢。

家常的日子，喷着香了，叫人欢愉。

我们玩水，偶尔也会被大人禁止，很强烈地禁止。那是村里某个小孩，又被水吞了。

每年夏天都会发生这样的事。就像冬天总有几幢草房子要被烧掉一样，这是无可避免的，没有人有异议。冬天里，也总是半夜起火，火光映红了半边天，有声音在惊叫：救火啦！救火啦！就听得纷乱的脚步声，如万马奔腾，家家都拿盆拿桶，赶着去救火。往往火被扑灭了时，房子也烧得差不多了，什么都烧光了，那家人变得一无所有。

大人们顶着一头一身的灰回来，火钳子摆在家门口，是要跨一跨的，去去霉气。这个夜里，觉是不大睡得成的了，大人们在商量，拿什么去捐赠。全村开始捐物捐钱，一家不落。没有人抱怨，家家都倾其所有去相帮。用不了多久，一幢崭新的房，会在那家的原址上盖起来。家里一应用品，也都是新的。那家人身上的衣帽鞋袜，也都是新的，走进走出，都是崭新的一个人了。原谅我，我那时小小的心里，竟是特羡慕这样的大火一场。我不止一次盼望过，我家也来这样一场大火，那么，我们就可以盖幢新房子了。然我奶奶做饭时特别小心，每次都把灶膛口清扫得干干净净，且用水浇湿。纵有火星子不小心落下来，也成不了气候的。我的愿望，便一再落着空。

冬天的大火，简直没有一丝悲切，复反有着喜悦的意思，人人看上去，都很义气善良。夏天的溺水事件，却是疼痛着的，那家爹娘呼天抢地的哭嚎声，有时会传得很远，叫人半夜听着，毛骨悚然。但那也只是一时半会儿的事，多半是隔了生产队的，比如说，二队哪家的孩子溺水死了。或是六队的。我爸我妈回来谈一会儿，唏嘘一回，警告我们兄妹，不要再到河里去。我们也只是小小诧异一下，对那溺死的孩子，因不熟悉，又隔着距离，无关痛痒。没有人恨水。谁会去恨水呢？水多亲啊，一应的吃喝洗涮，都离不了它。我们嫌热了，想去水里泡着，照旧去，大人们也很快就忘了他们的担心和警告。

我们四队，大大小小一帮孩子里，数大碗最会玩水。他能从岸边一棵柳树上，直接跳到水里去，激起的水花，有船篙子那么高。他也顶会扎猛子，一个猛子下去，能从红旗河南岸，蹿到红旗河北岸去。他在水里还能玩出别的花样，比方说，在水面上打滚。他能连续在水面上翻滚十几下，把满河的水，当地毯玩儿。

我奶奶说，大碗这伢儿，前世怕是条鱼。

我信以为真。因为大碗确实顶能捉鱼，他一个猛子下去，再上来，手里准捉条大鱼。鱼在他手里扭着身子，鱼肚子泛着银白的光。

大碗的家，在红旗河南岸住。我家搬去南岸，跟他家成了邻居。

大碗有哥有姐，还有两个妹妹，在家排行老三。他哥他姐，都长得跟他父亲冯新民一样，瘦长脸，倒三角眼。两个妹妹，则长得像他母亲，脸庞子小小的。唯大碗，跟家里人一个都不像，他的脸宽，上卧两道剑眉，有英武之气。听村里人私下议论，说大碗不是冯新民生的，是他妈跟队长生的。

我们留心细看，果真看出大碗和队长的相像来，同样的宽脸，同样的两道剑眉。

村子里也总有这样的事发生，这家的孩子像了那家的人，众人也只私下说笑，没人去深究。也时常听闻，这家的女人，跟了那家的男人在野地里，被谁谁谁撞见。也就突然听到鞭炮声，从村子的哪一角响起来，大白天的。众人听见，都笑了，说是谁在给谁挂红呢。

挂红——我以为是这样写。是撞见了不该撞见的事，很晦气的。偷情的男女，要给撞见的那人，买上一挂鞭炮放，轰去晦气。还得在那家人的门上，挂上红带子。吾乡人的风俗里，红是最能镇住邪气的。刚出生的小孩新穿的衫，必是红的。出了水痘的小孩，必戴一顶红洋布做的小帽子。三月三，有女儿的人家，必在树上系红带子。新嫁娘出嫁时，必穿红棉袄。过年必贴红喜钱红对联。新屋上梁，必在梁上挂红绿布。即便过年时蒸的馒头年糕上，也要用专门的红颜料，在上面点上一朵红。

冯新民许是听信了传闻，对大碗格外严厉，动不动就把大碗打得哇哇乱叫。大碗本身又极调皮，上树下河，翻墙钻窗，无所不做，挨打也就成了家常便饭。起初听到他鬼哭狼嚎的，还有人上门去拉劝。后来次数多了，也就没人上门了，大家都习以为常了。

挨打后的大碗，跟没事人似的，脸上的泪痕尚在，却已嬉笑如常。他也还是调皮，上树下河，翻墙钻窗，无所不做。

我上小学，比我大一岁的大碗，做了留级生，和我成了同学。

他在班上个头最高，坐在教室最后排，三天两头打架，常被老师罚站墙角。课后，有同学羞他，留级宝，留级宝。他急了，跟后面追打，免不了又挨老师的罚。

因是邻里关系，他对我倒是客气的，从不曾打过我，也不曾破坏过我的书本。只有一次，他拿了我的橡皮去，我追要，他绕着课桌跑，一直跑到教室外头去。他后来对我嬉笑着摊开双手，说："橡皮没了，掉河里去了。"

学校门口是条小河，他把我的橡皮扔到河里去了。那一天，我应该哭了的，一块橡皮对我来说，是很重要的。那时，橡皮分臭橡皮和香橡皮两种。臭橡皮其实不臭，只是样子很普通，乳白色，闻起来有股单纯的橡胶味。价钱便宜一些，二分钱一块，或是五分钱一块。香橡皮就高档多了，色彩上很艳丽，有红色的，有蓝色的，有绿色的，有黄色的。形状也好看，有草莓样子的，有心型的，有兔子形状的，有小狗形状的。闻起来香香的，有水果的味道，像水蜜桃。又像我妈搽的百雀羚。要一毛钱一块，甚至两毛钱一块。

我的那块橡皮，是块香橡皮，红色的草莓样的，是我从我姐手里讨要过来的。

因这块香橡皮，我与大碗结下梁子。回家去，到他家告了一状。大碗自然又被冯新民狠揍一顿，鬼哭狼嚎的。我头一回觉得，他是罪有应得。

小学门口常有挑货郎担的来。

挑货郎担的都是上了年纪的老头，拨浪鼓拨得澎澎澎，撩拨得我们的心痒痒的，坐不住的，一下课就飞奔过去，围着货郎担，看上面的东西。五颜六色的玻璃球。女孩子扎头用的皮筋。漂亮小巧的发夹。色彩艳丽的香橡皮。红白相间的糖粒。还有，像大饼一样躺着的麦芽糖。有零花钱的小孩少，但可以用东西交换，比如废塑料纸、破胶鞋底、牙膏壳子等等的，这些，老头儿都要。他扁担的一头，担着一只麻袋，里面装这些荒货。

大碗每次都能神奇地变出一些东西来，像破胶鞋底啦，牙膏壳子啦，有时，还会有小铁块之类的，也不知他从哪儿弄来的。他能换到玻璃球和麦芽糖，他托着麦芽糖，很神气地在校园里走，后面跟着一群小喽罗。他也大方，这个分一块，那个分一块，手里的麦芽糖很快没了。有同学向老师检举，说大碗偷翻了隔壁人家的院墙，拿了人家的胶鞋底。老师当作大事件，找大碗去办公室。但大碗抵死不承认，说那是他捡的。这没有证据的事，最终不了了之。

也真的看见大碗捡荒货。放学的路上，他手上拿一根长长的竹签子，在沟沟渠渠里走，一些废纸或破塑料纸，都逃不过他的眼睛，统统串到他的竹签子上去了。这方法我想过要学，但最终没有学。我那时更喜欢甩着袖子玩，踢毽子，跳格子，跳绳，真是忙得很的。货郎担来了，我也只是蹲着，看看上面的东西，后悔着没能捡点荒货。我很想拥有一根彩色的皮筋，也很想吃吃那红白相间的糖粒，但也只能想想而已。大碗有次却出我意料的，换了几粒红白相间的糖给我，还换了一块香橡皮给我。他说："还你的。"

我们和好了。他借我作业抄，我亦给他抄了。为了那几粒糖，我还帮他写过作业。

这年夏天，我们依然整天泡在水里，摸河蚌，摸蚬子，摸蜗螺。家里清瘦的餐桌上，又变得丰富了，可以吃到河蚌炖豆腐，韭菜炒蚬子，或韭菜炒蜗螺了。

大碗的水性仍是好，他也还喜欢爬到岸边的柳树上去，纵身一跃，激起水花有船篙子那么高。他也还是顶能捉鱼，一个猛子下去，绝不空手。左右邻居常吃到他捉的鱼。他也给我家送过，一条足有三四斤重的白鲢，我奶奶剁下鱼头炖了汤，鱼段子红烧了吃。

我真想大碗天天给我家送鱼。

发现大碗被水吞了，是在一场雷雨后。

夏天的雷雨是说来就来的。刚刚的阳光还犀利逼人，转瞬间，乌云就堆满天空，雨跟着哗啦啦倒下来了，一点回旋的余地也没有。门口场上晒的柴草来不及收了。衣绳上晾的衣裳来不及收了。匾子里晒的玉米蚕豆来不及收了。我奶奶迈着细碎的小脚，居然也能疾步如飞起来，她一边跑一边大声唤我们，快把草收了。快把衣裳收了。快把玉米蚕豆收了。鸡也慌张地跑向鸡窝。狗也慌张地跑到屋檐下来。我们都慌张地跑着，雷声雨声真叫人慌乱。

雨停了，屋后红旗河的水，都快涨到岸边上来了。到处湿漉漉的，树木花草，都在大雨里沐浴过一场，绿的变得更绿了，红的变得更红了，天地间散发出一种说不出的甜蜜气息。暑热被大雨浇灌得退避三舍，空气清凉湿润，吸进嘴里，都是清冽的。有人拿了鱼网，去屋后河里拦鱼。每次大雨后，鱼都聚到一起，这时用网拦鱼，一网都能收好多鱼上来。那人刚把网下到河里，一抬头，发现水面上浮着一具尸体。他失声高叫起来。河边很快聚满了人，大家七手八脚下河打捞，是大碗。

那么大的雨，大碗怎么就下了河？

大碗那么好的水性，又怎么会淹死了？

没有人能解答这样的疑问。后来一人说："大碗身上都是青的紫的，肯定是被鬼缠上了。"众人也都认可这种说法。大碗的妈痛哭了好些天。左邻右舍也陪着掉了好几回泪。冯新民那几天刚好外出，回来，见到躺着的大碗，他慢慢蹲下身子去，用手捂住了脸。

看见大碗被装进小小的棺材里，我也掉了泪。如果不出这场意外，过了这个夏天，大碗该和我一起念小学四年级了。

大碗走后，屋后的红旗河沉寂了三五天，随后又热闹起来。没有人去怨恨水的，孩子们照旧泡在水里面。而我，看见每条鱼，都认为那是大碗变的。

七仙女

吾村人家，都少有木栅栏，至多是树木生长，自成篱笆。像我家以前的房子周围，遍植木槿，密密的，把房子圈在中央。搬家之后，我家跟庄子上其他人家一样，门前畅通无阻一览无余。白天家里无人，门上是从不落锁的，只把大门掩着，不防人，只防猫狗鸡鸭进家里来捣乱。村里人家也都是如此，家家不设防。防什么呢？乡里乡亲的，各家的老底儿都门儿清的，一家有声响，一个村子都听得见。《封神演义》里有："夜不闭户，路不拾遗，四方瞻仰，称为西方圣人。"在这一点上，吾村之人，有圣人遗风。

因无阻无隔，家家都可以自由往来，四通八达。农闲时节，吃一顿早饭，吾村人能把饭碗捧着，走上四五家。一圈人围着吃，脸对脸的，碗对碗的，都是一样的玉米稀饭，上缀一撮咸菜。俚语趣闻，大多数诞生在这个时候。村子里要举行什么集体活动，也大多数是这个时候商定、拍板。

接着，也就有些小热闹要上演。"做会"是其中之一。不知是不是这个“会”字。为写这个，我特地打电话咨询我七十多岁的老爸，我老爸说：“现在还做呀，每年都做。”我问：“是石灰的灰还是开会的会呢？”我老爸回我，他也不知道，祖上就是这么传下来的，大家只热闹一场，从来没有人去深究是哪个字。好吧，我就写成“会”吧，乡村里有庙会、赶会，从前的上海滩上有做堂会，想来做会也算是贴切着的。

做会每年都要举行一回。是一种祭祀仪式，都在春上进行，保平安祈求风调雨顺五谷丰登。各家都出份子钱，有多有少，并无规定限制，请了专门做会的道士来。道士着道袍，手舞足蹈，嘴里念念有词，燃香跪拜，祷告上苍。然后到每家门户上，用白石灰在大门两侧的墙上刷上“太平”两字。也在门前的空地上刷上，仍是“太平”两字。在门上挂上红绿黄三色布条，那上面都写有“太平”的字样。高潮是唱会，请了唱道情的来唱道情，锣鼓喧天。从白天唱到夜晚，一男一女，女的嗓子清脆，男的嗓子也清脆。手里的道情筒子敲得“嘭嘭嘭”，他们唱《珍珠塔》，唱《秦香莲》，唱一整天嗓子也还是清脆的。台下黑压压全是人，却无一点声响，都听得聚精会神的。这样的好日子会持续好几天，人人都简静喜悦，地里的活计暂且搁一搁。再多烦心的事，暂且搁一搁。辛苦追逐那都是世外的事，此刻，只这方岁月清明安康。

吾村人也喜欢打趣人。三五成群聚一起了，这个打趣那个，那个打趣这个。脸上有麻子的，那人姓王，自然叫王麻子。腿脚不好的，那人姓万，叫万瘫子。嘴大的，那人姓付，叫付大嘴。鼻子磕掉一块，一直没长出来，那人姓戴，叫戴豁鼻子。还有诸如陈竹竿、高河马、小母鸡这样的称呼。

叫着叫着，久了，这叫法就成了那人的代号，真名反倒被人忘了。一说豁鼻子，都知道是谁呢。一说小母鸡，也都关心地问："小母鸡，你今儿个没挨徐福立的打吧？"叫的人并无恶意，听的人也不生气，而是坦然地应着。民间自有民间的宽容大度，又诙谐又单纯。好比亘古洪荒，混沌未开。

小母鸡是徐福立的女将明珠。吾村人称已婚女人为女将，相对应的，已婚男人被称为男将。这称呼我曾一度觉得不雅和难听，为吾村人的粗糙很是不好意思来着。现在细究这俩字，实在有意思，女将女将，如坐帐的穆桂英，执掌帅印，威风八方。老婆在家，岂不是如坐帐的将军，养儿育女，缝补浆洗，饲养牲畜，一应的吃喝用度全掌控在她手里。焉知民间的叫法里，也自有它的铿锵喜庆在里头。

明珠个头矮小，一米四五的样子。徐福立却生得高大，有一米八几。这两人配一块，反差实在巨大，一个像巨人国的，一个像矮人国的。个子矮小的明珠，一口气给徐福立生了七个女儿，一年一个，分别取名为招弟、梦弟、想弟、盼弟、牵弟、得弟、来弟，村人戏称"七仙女"。能生的明珠，被人唤做"小母鸡"，倒是又贴切又诙谐。

从七仙女的名字上不难揣测，徐福立是多么期盼明珠能生个儿子，给他们徐家传宗接代。明珠的肚子却不争气，一个丫头片子接着一个丫头片子地生。徐福立很失望，很不满，找着茬子闹口角，后来，发展到动手打明珠。明珠哪是他的对手，被他轻轻一提，整个人就起了身。村人就笑说，真像拎只小母鸡的。夫妻打架，在吾村是再正常不过的事，都是床头打了床尾和的。吾村人对这个泰然得很，当不得真的。也确是如此，改天再见到打架的夫妇，又是你耕田来我织布，俗世夫妻的好模样。

明珠的“报复”手段，就让人忍俊不禁了，带着喜剧色彩。她简直是有预谋的，趁徐福立脱光了衣裳，在长桶里泡澡之际，持了竹棒，上前就是一捧。打完立马撤了，一边跑一边痛快加得意地发狠道：“我让你今天也晓得我的厉害！”明珠有小女人的狡黠和天真，她以为徐福立是不敢光着身子追她的，谁知徐福立居然从长桶里跳出来，追着她满村跑。这事后来成了村里人常常说起的笑话，还编成了歇后语：“小母鸡打男将——当头一棒。”两个当事人听到，也是一笑。

徐福立的家也是穷的，两间草房子，摇摇欲坠，一下子多出七张嘴，那日子的艰难可想而知。不得已，他们把其中两个姑娘送了人，七仙女剩下五仙女，日子依然过得紧巴巴的。却没有悲愁，照旧活得天地开阔的，想打架时，他们就打上一场架。村里人也依然泰然着，日月稳稳的，江山稳稳的，没什么要怕的。

七仙女中最小的来弟，和我姐同龄。我姐和我背着书包，走过她家门前，去上学念书时，来弟站在屋角后望，眼神里满满的，都是渴望。我们走好远了，一回头，看见她还站在屋角头望。她们姐妹七个，没有一个人上学念过书，全都早早走向田野，学会稼穑。

七仙女中送了人的两个，渐渐大了之后，也时常来走动，穿得崭崭新新的。她们叫明珠姨娘，叫徐福立姨丈。每次来，明珠是当客待的，都要去打点肉，置办点菜肴。村里人也都执着她们的手，问长问短。答，都好着的。问的人遂放了心，看她们的穿着，也不像是受苦的，纵有一百个好奇，也都放进肚子里去。

徐福立中风了，是在数年后的事。

这个时候，七仙女也都长大成人，都是本本分分的庄户人，没什么文化。那也不关紧，庄户人只要守住庄稼，就能把日子过得四平八稳。她们先后出嫁了，都嫁得离家不远，嫁的也都是老实的庄户人。平日里来娘家走动频繁，帮衬着娘家，地里的活，都抢着做了，还帮徐福立和明珠新盖了几间大瓦房。村里人着实羡慕明珠，说："小母鸡现在多享福啊，七仙女都常家来的。"养姑娘比养儿子贴心，越是活到老，越是深有体会。有七个"仙女"环绕着的徐福立和明珠，活得像神仙。

七仙女的子女，也都很为七仙女争气。有两个小姑娘进城找过我，为学习上的事，做了我一段时间的学生。后来，这两个小姑娘都考上本科，继而读研，一个留在上海，一个留在无锡。我回老家，明珠硬送我一篮子草鸡蛋答谢，她说是她自己散养的鸡下的蛋，比城里卖的要好吃。

明珠老了，牙不关风了，完全是老外婆的样子。徐福立也老了，却气色红润，中风二十多年，他在明珠的精心照料下，活过了一年又一年。近一两年来，他居然能扶住墙走两步的了。村里人感叹道："明珠是个有良心的人，当年，徐福立那么打她，她都不记仇。"我走过他们家门口，看到徐福立坐在家门口晒太阳，明珠面对他坐着，给他揉手揉脚。我想起有关他们的趣事，忍不住微笑。民间恩爱，是不带怨恨也无须感激的，只管把那岁月，慢慢数着，一直数到老。

凤求凰

传说司马相如初见守寡的卓文君时，弹得一曲《凤求凰》，曲不知如何的婉转，后人为之填的词，却极是绮丽情深：

有一美人兮，见之不忘。
一日不见兮，思之如狂。
凤飞翱翔兮，四海求凰。
无奈佳人兮，不在东墙。
将琴代语兮，聊写衷肠。
愿言配德兮，携手相将。
何日见许兮，慰我彷徨。
不得於飞兮，使我沦亡。

文人雅士间的爱慕倾心，是被歌着被曲着的，千秋传诵，锦瑟华衣，也才相当。

殊不知阡陌红尘之中，发生过多少这样的故事，它们只如家常的一饭一馒，不惊天，不动地，山月平和，到该随烟尘而去的时候，平静地随烟尘而去。也少有人再提当年事，这是民间的本事，再多的惊涛骇浪，也能让它归于平静，只管把当下的那份岁月守住，踏踏实实地过。

我二娘舅就是这其中的一个。他比不得司马相如，他也不知道史上有个司马相如，他生于荒僻，成长于荒僻，最终，也将终老于荒僻，布衣清简一生。

我外婆育有四个子女，两男两女，我妈排行老二，上有一姊，下有两兄弟。那姊姊，也就是我的亲姨娘，在我八岁之前，对她印象模糊，我都不知道还有这个姨娘存在。直到这年过年，大年初一，她带了儿女来给外婆拜年，我始才见到。她坐着，和我妈有一句没一句地说话，脸模子长得跟我妈极像。我只管乐着，横空多出这么个嫡亲的姨娘来，叫人欢喜得不知怎么办才好。

我和我姐粘着这个姨娘，她走到哪里，我们跟到哪里。虽然她表现得病歪歪的，脸上也不见喜色，但我们的骨子里，就是感到亲。第二天，这个姨娘返家，只说一句客气话："你们跟我回家吧。"我们就雀跃着要跟着去。我妈竟应允了，我们乐颠乐颠跟着跑，走了二十多里的土路，走到日落西山，也才走到。也是一个小村庄，家家门前有槐树，槐树上托着大大的喜鹊窝。也一样有河流穿过，有田畴铺开，小麦青青。姨娘家的厨房和正房，是不在一块的，厨房是草房，正房却是三间瓦房，日子过得要比我家好。

姨丈在厨房里忙碌，和颜悦色着，见着我们，很高兴，赶紧张罗着饭菜。表哥表姐也都高兴着，和我们扎一堆玩，商量着改天一起去老街上看舞龙灯。他们家离老街很近，一盏茶的工夫，也就能走到了。在等晚饭开饭的间隙，我从他们家正屋走到厨房，再从厨房走到正屋，左邻右舍也都有人出门，冲着我看，带着好奇。我心里得意，我是来做客的，是被款待着的。

这晚，我、我姐、表姐和姨娘四个人合挤在一张床上，睡到半夜，我突然被尖利的叫声惊醒，竟是姨娘在叫。那叫声里，夹杂着话语，说得又急又快，是在骂着什么。我惊得动也不敢动，我姐也是，睡我们旁边的表姐醒了，她极其淡定地对我们说："睡吧，没事的，我妈每天夜里都要这么叫一会子的。"叫声持续了约半个小时，或更久一些，我只感到时间漫长得要命，姨娘的家人却都安然着，睡得好好的。天好不容易亮了，我和我姐老街也不去了，不顾姨丈和表哥表姐的挽留，逃也似的回了家。回家跟我妈说起夜里的事，我妈像是知道似的，叫我们不要瞎说，却又叹口气解释道："你们的姨娘身体不好，生着病的。"

我再没去过这个姨娘家，连照面也很少有。偶尔我妈提到，我才会想起，还有这个嫡亲的姨娘在的。听说她的病，一直没好，生活却优裕着。年轻时，有姨丈悉心照料着。年老了，有我的两个表哥照料着，家里还给请了保姆。两个表哥都是生意人，很有些钱，供养她这个妈妈，是绰绰有余的。

也是在多年后，我才知道，她患的，是精神分裂症。不幸的人，命运却多有眷顾，这就很好了。

我妈的大弟，也就是我的大娘舅，我是从小就不喜的。大娘舅脾气古怪，村里人都喊他卢犟头。印象中，有那么一次，腊月底了，他去赶集，捎上了我。他在前面疾疾地走，不知后面跟着的那个五六岁的小孩，连跑带跳有多艰难。我又不敢说，只能忍着，努力跟上。到了集市上，人群中，有小孩在吃棉花糖，蓬蓬的，举一团在手上。我呆看，馋。他拉着我走，说："糖有什么吃头，糖吃了会蛀牙。"我跟着他在人群里穿来穿去，他挑剔着这个，挑剔着那个，最后却什么也没买。那天我回去，是一步三挪着走的，我简直以为自己快死掉了，回到家，委屈得大哭，一双脚，全起了水泡。我奶奶心疼，捧着我的一双脚，给我敷药，也不怕我妈不欢喜，骂这个娘舅："哪有这么狠的人，伢儿跟着跑了这么远的路，糖也不给伢儿买一块。"

大娘舅一生未娶。期间也说过几门亲，最后都没成。甚至一个瘫痪的姑娘，也不肯跟他。老了，村里给上了五保户，医药费几乎全额报销，月月还有几百块的养老钱发。他常为了养老钱，跑去村干部家里无理取闹，说村干部短了他的钱了。他生病住院，无人照料，是我爸我妈在床前服侍的。我到医院探视，我爸哭笑不得告诉我，你大娘舅这个人，真是个懵人，整宿整宿吵吵闹闹，说护士们对他不好，医生们对他不好，说医生要害他，吵得邻床的病人都住不下去了。即便如此，我爸我妈还是陪着他，一直到他康复出院。我妈说："你大娘舅和我，毕竟是叼着一个奶头长大的。"那意思我懂，一母所生，除了无私的奉献和爱，别无选择。

民间说，一母生九等之人。这话还真有点道理，我妈跟我姨娘，全然不一样。我二娘舅与我大娘舅，也有着天壤之别。

我二娘舅性格随和，幽默风趣。人长得也好看，彼时他二十七八岁，身材颀长，皮肤不像一般的庄户人那样黝黑，而是极白皙。更不同的是，他识得一些字，特能讲故事，仿佛装着一肚子的山野奇闻，一掏一大把。他领着我们一帮孩子去捉棉花虫子，去捡麦穗，歇晌的时候，我们盘腿坐在一棵树下，团团围住他，听他讲故事。他讲一些鬼故事，鬼也都是善良的女鬼，不害人，只贪恋人间烟火，想与人世再结一段缘。有一女鬼，死时是怀了孕的，在坟墓里诞下小孩，为养活小孩，她每天天黑时出来，用冥纸变成铜钱，去村部小店里买上两只馒头之类的吃食。店老板每晚在点钱的时候，都会发现钱盒里有冥钱，几次之后，起了疑心，这女鬼再来买东西，店老板留心观察，发现灯光照着她，竟没有影子，脸也苍白，手也苍白。女鬼买完东西，转身急急地走，没有一丝声响。店老板就跟着她走，一直走到坟场。女鬼知道瞒不下去了，跪在店老板跟前，诉说实情。店老板被感动了，答应她，收养了她的小孩。自此后，她再也没有出现过。

我觉得那个女鬼的可怜，又关心着那个小孩。“那个小孩后来怎样了呢？”我追着二娘舅问。二娘舅有时说，那孩子后来做了店老板了。有时又说，那孩子后来去考状元了，中了状元。我听着，痴想一回，那女鬼总归是放心的，那孩子总归是锦绣着的，这个结局，我喜欢。

二娘舅还爱讲皮五辣子的故事。他手头有一本写皮五辣子的书，被他翻得卷了边。他讲皮五辣子四处去讹人，嬉笑怒骂，每次竟都能得逞。民间小人物的小奸小恶，小刁小滑，原都带着风趣和好玩的，是草莽英雄，一点也不可恶，反倒可爱。

有一段时期，说媒的人踏断了我外婆家的门槛，都是冲着二娘舅来的。

也有人亲自上门来访，带着自家的姑娘来。

记得有一女子，面庞饱满如月，丰满圆润，梳两根黑辫子，弯腰进了我外婆家的门。女子端庄地在四仙桌边坐，竟像家里贴的年画上的瑶池西王母。这女子赢得众人一片赞赏，我那不苟言笑的外公是满意的，我外婆是满意的，我爸我妈是满意的，我们都是满意的，但我二娘舅却摇头，坚决不同意。那女子后来还来走动过两回，每回来，我外婆都倾囊欢迎，把她当儿媳妇待，我二娘舅却连面也不肯跟人家见的，家里人怎么骂他求他也无济于事，这桩亲事后来还是黄了。

二娘舅有自己的心上好，是队长的姑娘，叫菊子，这事我知道。晒场上放露天电影，我瞅见二娘舅和菊子，手牵手闪过草垛子后面去了。后来还瞅见过几次，有一次是在棉花地里，他们肩并肩，坐在几株棉花下说话。我去棉花地里捉虫子，棉株比我的人还高。棉花开花了，绿叶堆积的绿波浪上，荡着朵朵的红朵朵的白。我在那朵朵的红和朵朵的白中迷了路，正暗自发呆，就看到二娘舅和菊子正盯着我看，绿叶遮蔽的幽暗里，他们的眼睛闪闪发亮，像星子。二娘舅叫我不要告诉别人，说这是他的秘密。他答应我，他会讲多多的故事给我听。我觉得受到珍重，又激动又无比荣耀，真想告诉所有人听，我守着一个秘密的。

还没等我把这个秘密说出来，菊子的家里已经闹开了，菊子被锁在房内，不得出门。村人们议论纷纷，说我二娘舅勾引菊子，说我二娘舅傻。我不懂为什么要说他傻，他那么会讲故事，怎么会傻呢？我们小孩还是跟在他后面，要听故事，他却没心情讲，只管发呆。

秋天也就到了，菊子突然要结婚了，她原是许配了人家的，对方是另一个村村支书的小伙。那家人来做大节，送来的聘礼竟是一辆凤凰牌自行车。在当时，一辆凤凰牌自行车绝对是身份和地位的象征，需凭票购买，一般人家是买不到的，也没有这个经济实力购买。那天，在菊子家围观的人，里三层外三层的，如看西洋镜。

我替我二娘舅急，菊子要结婚了，我二娘舅怎么办呢？我妈半夜坐在床上，为这事犯着愁。谁也没想到二娘舅会去截婚车，黑天黑地里，他拉着菊子，像现在言情剧里拍的那样，沿着一条田埂道，向前跑去，衣袂飞扬，后面跟了一队追着的人。风被他甩到后面，黑被他甩到后面，人却甩不掉，是菊子先放手的，菊子说：“我们不可能了。”我二娘舅当即石化掉。

菊子到底做了别人的新娘，我二娘舅从此萎了，是《凤求凰》中“不得於飞兮，使我沦亡”，他是真的沦亡了，我再没见过他的意气风发。

菊子嫁人后，很快生了个丫头。那丫头长到五六岁时，被带回娘家来，村人见了，都悄悄传说，那孩子长得像极我二娘舅。我妈也说，跟他一点不画二样，可不就是他的种。但这也只是说说罢了，又能怎样？我二娘舅缄默不言，与菊子再无往来。即便偶尔碰巧顶面了，是话也不说了的，形同陌路人。菊子后来又生了个丫头，她安稳下来，守着她的屋檐忙忙碌碌，一头男人，一头孩子，那是她的日月，她的天和地。

我二娘舅单身许多年，到了五十岁，才经人说得一离异的女人。女人带着十七八岁大的丫头嫁过来，成了我的二舅母。二舅母泼辣厉害，原先的男人因承受不住她的泼辣，才离的婚。她嫁过来后，我二娘舅好比孙悟空被五行山压住，是翻不得身的。我回去，常听闻我妈说起种种，也只是无奈。看我二娘舅的样子，弯腰驼背，皱纹满面，昔年的风华，再找寻不到一点点。

二舅母后来给我二娘舅添得一子。老来得子，仿佛多年的苦，是为了给他这一报偿，我二娘舅变得心满意足，他开始筹划着当下的日子，余下的人生，都有了方向。

第三辑

浮生一梦

人生有时真的不过浮梦一场，终归于寂寂与寥寥。

浮生一梦

看电视剧里的民国少爷，穿质地精良的长衫，手执一把折扇，逗鸟看戏四处游玩，后面还跟着几个小跟班的，悠哉游哉着，我总忍不住想，那是不是我爷爷少年时。

我爷爷生于民国七年，在苏北一个叫丁家庄的地方。据我爸讲，当年的丁家庄，有一半田地，都是我爷爷家的。合家百十口人，住的房屋都是青砖小瓦房，有前后院落，几进几出。彼时，我祖上花开灼灼，人丁兴旺，好一个人间繁庶地。

我爷爷上有三个哥哥，四个姐姐，他是家里最小的孩子，排行老四，人称四少爷。我那未曾谋面的太奶奶，家风甚严，规矩极大，唯独对我爷爷这个老幺，宠溺得不行，请了私塾先生专门教我爷爷习字读书。我爷爷不爱，正经的书读不了几行，只管把那些野趣传闻的偷拿来读。我还记得小时他讲包青天，讲隋炀帝下扬州，讲小方青会姑母，讲岳飞，讲杨家将，故事好听得很，总吸引一批孩子围着他。我爷爷也是斗蟋蟀玩纸牌扎风筝的头把好手，我奶奶说，跟她拜堂成亲那天，我爷爷还在跟人玩斗蟋蟀，家里着人找了半天，才把他找回家。我奶奶怀头胎，就要生了，我爷爷却领着一帮侄子侄女在放风筝。他扎了一架几丈长的巨型风筝，飘飘摇摇上了天，底下有成百人观看。值此时，好风好水，繁花满枝头，乱世浮沉，世事维艰，与我爷爷一点关系也没有的。

我太奶奶过世，一个大家族立马四分五散。我爷爷分得一些房屋田产，吃饭度日原是足够了，然因他太贪玩，不懂生计，很快把些房屋田产都变卖光了。他带我奶奶举家迁去荒田时，全部家产只剩下三间小瓦房。我家住了多年的茅草屋，屋上的椽子、大梁、门和木格窗，都是这三间瓦房上的。上祖留下的东西，也就这么多了。

生活变得辛苦，我爷爷跑去上海投奔他的二哥和大姐。二哥和大姐，早年在上海做事，也都把家安在上海。这个小弟弟到了，做哥的做姐的自然照顾有加，鼎力相助。二哥很快帮他谋得一轻松差事，坐办公室的，专管一支黄包车队。还给他弄到了一间房，带小阁楼的，上面住人，下面可以烧饭。我爷爷在上海安顿下来，乐不思蜀，他偶尔去办公室装模作样坐一会儿，也没什么事可做。然后就去泡戏园，他追过梅兰芳的戏，几乎场场必到。

我奶奶在家望眼欲穿，盼着他能寄点钱回家。哪里有！他自个儿玩还不够的。无奈，我奶奶带着我爸，怀里还抱着一个吃奶的幼儿，决心去上海找我爷爷。娘仨个才走到半路上，路上却发生枪战，是八路军与国民党在交手。娘仨个随逃难的人跑，急急慌慌中，我奶奶把抱在手里的幼儿也给弄丢了。她和我爸趴到一条渠沟里，趴了一夜，只听见子弹从耳边“嗖嗖”飞过，如爆豆子似的。好不容易枪声停了，却传来消息，去往上海的路被封了，她和我爸只得打转回来。

丢了的孩子，被好心人捡了，辗转交到我奶奶手上。只是这孩子注定命不长，回来后不久，得了天花，死了。若活着，一切顺当，如今也六七十岁了，我该叫她三娘娘。

我爸孤身一人去上海投奔我爷爷时，七岁。我爸去投奔的目的只有一个，他想念书。

我爷爷遂了我爸的愿，把我爸送进学堂。

然我爷爷一个人逍遥惯了，完全没有做父亲的意识，他有了钱，还是想去泡戏园就去泡戏园，一泡就是一整天，全然想不到，家里还有一个小孩在等着他。我爸中午放学回来，常常锅灶是冷的，家里无一粒米，可怜的孩子饿着肚子又去上学。走过弄堂口，那里有做油饼的山东人，认得我爸，有时会好心地送我爸一只油饼吃。

我爸拖欠学校的学费。问我爷爷要钱，我爷爷总是说：“等下次吧，下次发了工钱，我就给你。”然下次真的发了工钱，他首先是听戏去了，泡茶楼去了，学费依然拖欠着。每日去学校，老师见到我爸的第一桩事就是问：“丁志煜，你今天学费带了吗？”我爸羞愧地摇头。老师就没好气地说：“呶，站到后面去。”我爸就站到教室后面去，堂堂课都站着。

饥饿和罚站，终于把一个孩子压垮了，刚好有苏北乡下的人来上海，我爸要跟着那人回去。我爷爷不阻拦，去弄堂口买了十只油饼，让我爸揣着，就把我爸给打发走了。

我爸的学业就此中断，他在上海，只读了两年半的书。

我爸对我爷爷一直有着抱怨。“糊涂虫，糊涂了一辈子。”我爸如此评价我爷爷。

摊上这样一个诸事不问，只管玩乐的父亲，做孩子的自然很辛苦。我爸是家里长子，上面虽有两个姐姐，可作为家里最大的男丁，他六七岁就能去老街上的典当行当东西，换回大米。大凡家里跑腿的事，也都归这个六七岁的孩子管。

我爸生得聪明伶俐，他看典当行的老板躺在摇榻上翻一本古书，心生羡慕，萌生出要读书的念头，长大了也要当典当行的老板。他怀抱着这个梦想，奔向我爷爷去，我爷爷却对他的梦想无甚兴趣，对他的读书，也无甚兴趣。因拖欠学费，我爸不得不离开上海，我爷爷也是一点愧疚也没有的。台上的红粉水绿，咿咿呀呀，那才是他全部的喜乐。

隔两年，我爷爷也回到苏北乡下来。是因为上海发生动乱，还是因为他又混不下去了，不知。上海的那个小阁楼他不要了，他身无分文地回到我奶奶身边。家里的穷困，似乎落不到他眼里一点点，他一天三顿喝着野菜稀饭，也还有闲心扎风筝，还在门口种花，种牡丹和芍药，开出一大片碗口大的红艳艳的花。

我爸十六七岁时，吾乡学校招人，我爸又去读书，是半工半读。多是二十岁上下的青年人，他们学写小楷，学珠算，学诗词音律。

我爸写得一手好小楷，中楷、大楷也都来得。从我有记忆起，腊月脚下，我家就天天人爆满，热闹得像赶集的，人人腋下夹一张红纸，来托我爸写对联。我们兄妹帮着裁纸，忙得不亦乐乎，家里成了红海洋。

我爸打起算盘来，也是双手飞快，噼呖啪啦。队里年终分粮，都是我爸拿了算盘，在一旁帮着算账，分毫不差。

我爸还会很多乐器，笛子，手风琴，口琴，二胡。吾村好多年里，都有新年文艺会演，有挑花担的，二十出头的姑娘，化着浓妆，胭脂口红，都是艳到极点的，看着美。她在二胡的伴奏下，唱着杨柳叶子青啊啦，扭着小蛮腰，一步三晃，从这个生产队，晃到那个生产队，如仙女衣袂飘飘。一群人也就跟着，从这个生产队，跟到那个生产队，追在后面看。我那时也追着，除了喜欢看挑花担的姑娘，也喜欢花担上的绢花，红红黄黄紫紫，艳得不行。我趁人不备，偷偷扯下一枝来，回家插酒瓶子里。过年的快乐里，这是独占一份的。

新年文艺演出，我爸是总策划、总导演，兼总乐师、总指挥。从节目的编排，到曲子的成谱，到歌词的敲定，到演奏，都是我爸一手包办。我爸人又生得像《望春风》里唱的，果然标致面肉白。放到今天，那是很文艺范儿的，很得一些女人赏识。有女人织了毛衣送我爸，我妈傻乎乎的，感激得不得了。我姐那时初谙人事，跟我妈说："我爸一定是跟这个女人好。"我妈也还不信，毛衣却再不曾见我爸穿过，下落不明了。

我爸在半工半读时，成绩优异，又吹拉弹唱，无所不能，一时成了风云人物，还当上学生会主席。

这样的风光，却不敌现实的残酷。我爷爷我奶奶无钱再供我爸上学，我爸勉强念完小学，本想去学医的，我爷爷我奶奶却不同意，迫切要他回家，扛上家庭的重担。我爸妥协了，这一妥协，他的人生路，从此彻底改变。

我爸后来的发展路径，印证了这样一个简单道理：有什么样的选择，就有什么样的人生。和我爸同学的那一帮青年，都成了各界精英，最差的也混了个小学教师，只我爸一辈子困于乡野。一个人再要强，有时，也犟不过命。所谓时运不济，生不逢时，我爸算一个。

和我爸探讨过这样一个问题，假如，我这么假如了一下，假如他当年真的学了医，进了某家大医院，"文革"时，像他这破落地主家庭出生的人，能侥幸逃脱么？命能不能保下，都有另一说了。淹没于荒野，到底受冲击小了许多，扎根的土壤也要牢固许多。

我爸思索良久，点头称是。

冲着这一点，我爸倒应该感谢我爷爷的糊涂。祸兮福之所倚，福兮祸之所伏，老子他老人家真是伟大。

我姐十九岁那年，因小时的烫伤，脚要做皮植手术，是我陪我姐去的医院。

是南京的一家医院。医院里的外科主任，是我爸的小学同学。我爸写了一张纸条，让我们带去，很自信地说："他见了纸条，会接待你们的。"

我们没费什么劲，就打听到那个外科主任。他本来架子端端的，可一见到纸条，立即对我们热情得不得了，安排我姐住院，且由他亲自开刀。他询问了我爸许多近况，盯着我们看了又看，说我和我姐的眼睛跟我爸长得一模一样。"他那双眼睛很有特色，"外科主任说，又道："你爸绝对是个很有才华的人。"

我爸还有同学在做校长。我上小学时，小学里的校长是。我上中学时，中学里的校长也是。我爸去我学校，平日里严肃端正的校长，竟满面春风迎我爸到办公室坐，他们面前搁一杯茶，聊到高兴处，都发出爽朗的笑声。我得意，装作不经意地，从校长室门口走过，却还是忍不住告诉同学："看，那是我爸。"

我爷爷的糊涂愚昧，耽搁了我爸一生，我爸立志等他做了父亲，要做出一个崭新的来。有了我们兄妹四个，我爸倾尽全力培养。他把读书，当作我家头等大事，一遇读书，诸般事情都要让步，即便砸锅卖铁，也在所不惜。一字不识的我妈，对我们的读书，也持相当宽容的态度，地里活儿再忙，只要我们假模假样捧一本书在读，她是决计不会叫上我们的。

我们兄妹四个，都是书读到吃不进去了，我爸才认输。我姐初中没毕业，就回了家，是她自己不想念了的，相比较读书，她更喜欢田野的自由。我大弟是聪明的，只是太贪玩，他初中考高中，复读两年才考上。高中毕业，又复读两年。可惜他的心思只花在恋爱上，没用在读书上，他自觉无趣，不再读了，去学了电工。我小弟初中复读两年，是想考小中专的，后来还是念了高中。高中毕业，复读一年，小弟灰了心，不准备再读书了。村里人家请了和尚来做道场，我小弟去看热闹，瞧见那些小和尚，敲敲木鱼念念经的，活得蛮轻松，就想跟在后面做和尚去。我爸把他的书本及被褥捆扎好，驮到车架上，让我小弟坐上面，把我小弟直接给押送到学校去了。我小弟后来考上警官学校，成了吃公家饭的人。我爸是这么来形容他的高兴心情的，他说，虽是广种薄收，也总有收成的。

我的读书，算是兄妹四个中最好的，但我爸也没少操心过。小学时，为我转学的事，我爸跟小学校长差点打起来。初中时，因某地教学质量好，我爸想尽办法，把我塞进去。高中时，因与老师起了冲突，我闹着要转校。我爸听信了我的话，骑上他那辆破自行车，四处奔走，托人找关系，天黑了，他还在外头奔波。

我因严重偏科，英语成绩羞涩得可怜，一百分的总分，我考了三十多分。高考之后，也复读一年，这才考上一所大专院校。拿到录取通知书，我是失望的，我是想读新闻专业的，最后却不得不读了师范。在我爸，已是满足得不能再满足了，他广为传播，在家大摆宴席，亲朋好友，一一被请了来，甚至平时走动极少的远房本家，也一一被请来席上坐。

彼时，方圆几个村，我是唯一的女大学生。

有几个温馨的小记忆，我想记下来，关于我和我爸的。

我四岁，或是五岁。月亮的天，我爸，我妈，和我，一起走在月亮下面。我妈那么温柔，我爸那么温柔，他骑着一辆借来的自行车，车后驮着我妈，车前杠上坐着我。我们沿着月光的小路，一路向前。田野里的麦香，和蚕豆花香，浮游在夜风中。他们喁喁说着什么，笑声也轻。那时那刻，世上所有的好，仿佛都聚集到一辆自行车上了。我不知道怎么表达我的快乐才好，我就啦啦啦，啦啦啦地唱。我爸低头，用胡茬扎我的脸，说：“我家小丫头还喜欢唱歌的。”

也是这个年纪，我躺在队里晒场牛屋的床上。半夜里，发现身边睡的不是我爷爷，而是我爸。我爸什么时候来的，我一点不知。我爸见我醒了，笑了，捉住我的小胳膊，轻咬一口，说：“你怎么这么瘦啊小丫头。”

上小学，我从学校捡回红的白的粉笔头，伏在小凳子上，照着墙上相框里的照片画人像。那相框里有我大弟的照片，有我爸的照片，那是我爸带我大弟去上海看病，在城隍庙照的。照片带回来，好多人挤在我家里传看，那会儿，乡下人能见着照片的，极少。大家都说拍得好，跟真人一模一样。戴木匠的女人，还特意要走一张我大弟的照片。

我正专注地画着，耳朵画成红的，都画到脖子上去了。我爸不知什么时候，弯腰在我身后，他握住我的手，教我：“耳朵应该这样画，衣裳应该这样画，衣裳上还有扣子的对不对？对了，这么画。”小矮凳上，一个笑微微的“爸爸”，出现在我跟前。后来好长一段日子，我迷上了画画。

是这年夏天吧，我爸去老街上有事，给我买了一双塑料凉鞋带回来，白色的。那天，刚好隔壁村放电影，我穿着这双凉鞋，牵着我爸的手，去看电影。我每走一步，都把脚抬得高高的，我是恨不得全世界的人都知道，我穿了一双新凉鞋。黑天里什么也看不见，那双凉鞋的白，却极其耀眼。

我八九岁时，出水痘，我爸在他处带民工挖河。那时，吾乡一到冬天农闲，就要组织民工，四处去疏浚河流。这里的民工去往那里，那里的民工调到这里来。我家里曾住过他村的民工，他们在我家堂屋里打地铺，我奶奶捧了厚厚的稻草给铺了，那样的“床”，散发出极浓郁的稻草香。晚上，民工们凑在一起打牌，我们兄妹几个在旁边观看，看到夜深，还意犹未尽。家里住着这么多的人，真让我们兴奋，我妈得一个一个把我们捉上床才行。灯熄，堂屋里的鼾声此起彼伏，我们的房门没关，听得清清楚楚，一个夜，竟安静幸福得不得了。

那时候，谁会防着谁呢？——谁也不用防着谁的。所有的微笑，都是发自内心。所有的相待，都是拿出本心。也还跟洪荒年代似的，在自然界最初的法则里，人与人，只有拧成一股绳，才能更好地生存。

我爸负责一支工程队，带了上百个民工，吃住都在工地，十天半月都难得回一趟家。我出水痘的消息，我爸听到，他连夜赶回，顶着一头的霜雪。我看到我爸，高兴得病也似乎好了，我对他说：“爸爸不要走。”我爸弯腰在我床头，很温柔地答应：“好的，爸爸不走。”

十几岁时，我爸陪我去商店扯布，做过年的衣裳。商店里也有来挑布的，是几个女人，她们看着我，说：“这孩子长得多好看啊，像昨天晚上电视上看到的。”

我爸本来已挑好一块布，却突然改变主意，重新挑了一块较贵的料子，淡蓝的底子，碎粉的花。他跟我提到两个在我那时听来很新颖的词，一个是素淡，一个是优雅。他说：“女孩子要穿得素淡一点，才显得优雅。”

这两个词，从此被我收藏。

我爸一直试图改变命运。

吾乡招考农技员，我爸报名了，是年，他五十岁。

一同报名的，还有我小娘娘——我爸最小的妹妹，我爸是把她当孩子来养的。

他们躲进村里一户人家的小阁楼上复习，如同过去小姐坐闺房，足不出户了，饭都是我妈送了去。一个月后，我爸考上了，我小娘娘却落了榜。我爸做了村里的农技员，有正式任命的证书。

我爸跨入到村干部的行列，这让他扬眉吐气。他走起官步来，双手背在身后，腰肝笔直，走在田埂上，视察农田，像古代帝王视察他的疆土。他还不时地在广播里讲讲话，对着全村的村民，什么时候棉花该播种了，什么时候水稻该泼浇了。他指挥着村民种庄稼，像指挥着千军万马上战场。我笑他虚荣，我爸很正式地说道，他的证书，是千真万确的，是有技术含量的。

我爸做到六十五岁上，才从这个岗位上退下来。家里还不时有村民上门来找，他们只认他这个老农技员的。

我爸奋发图强的时候，我爷爷通常已骑上他那辆二八自行车，去了老街。他一大早出门，到晚上才回来，什么也没买，他只是看街景去了。

郑板桥写，难得糊涂。郑先生写这四个大字时，是很纠结的吧，他一辈子也没真正糊涂过，仕途不顺，穷困潦倒，卖画为生，世态炎凉皆落他眼底。他向往糊涂，做人若做到糊涂的份上，是境界，是福分。我爷爷比郑先生幸运，他根本无须修炼，自然天成。他诸事不问，怎么着都是好的，倒保留了内心最初的澄明清静。又省了麻烦，别人是懒得跟一个糊涂人计较的。我妈那么火爆的脾气，与我爷爷却连口角也不曾有过一回。

我考上大学，在外地。我爷爷去看我，我把他安排进男生宿生，跟一个男生睡在一起，他居然能一呆就是半个月。我上课，没空陪他，他就自己去街上转，回来，告诉我，那么多的车啊。那么多的人啊。那么多的高楼啊。

我结婚成家，最初是在一个小镇，离老家也就三四十里地。我爷爷三天两头骑了车去我那里，有时在我家住上一宿，有时不。四处转转看看，他就很高兴了。只有一回，他拉着我的手说："伢儿，我是走一回少一回啊。"那是他说的唯一的伤感的话。那会儿，他七十好几了。

十年后，我搬离那个小镇，一去上百里，我爷爷再没到过我家。每次我回老家，我都说要接他来城里玩，我爷爷很高兴地等着，然因这样那样的原因，最后都没能成行。

我爷爷到八十六岁了，也还能骑着自行车，去老街上看街景。后来骑不动了，他就拄着拐，挪去村部小商店那里。那里人多，他撑在那儿听人闲聊，一撑就是大半天。

我爷爷活到九十二岁，寿终正寝。面容如活着时一样，笑眯眯的，像个老顽童。

我爸总结：“你爷爷玩乐了一世。”

一屋的亲朋都笑了，人声喧喧。活到我爷爷这般年纪老去，丧事是当作喜事来做的。

我很想在我爷爷的墓碑上刻上这样一行字：

这里躺着一个可爱的好玩的老头

但按吾乡风俗，刻碑这件事，怎么着也轮不上我这个小孙女的。我咽了咽唾液，终没把这个想法提出来。

我姐告诉我一件事，说我考大学那两年，爷爷天天早起焚香，祈祷我能高中。

这件事，爷爷一直没对我说过。

春日暖阳，老家屋后，红旗河边的柳，已堆积成烟，我爷爷下了葬，埋在老家的桑树地里。那些桑树，曾养过许多的蚕。

我去送葬。看着那方装了他骨灰的小盒子，慢慢地，一点一点，被土掩了。

起风了。亲人们站着望一回，也都散了。

唐代李咸用的《早秋游山寺》中，有这么几句：“至理无言了，浮生一梦劳。清风朝复暮，四海自波涛。”人生有时真的不过浮梦一场，终归于寂寂与寥寥。

两个女人的战争

我奶奶生于民国九年。姓崔，名国华。

那种年代，用“国华”做一个女孩的名字，其家庭背景，大有让人回味的余地。

我奶奶对她的家庭，却无甚印象。她能记事的时候，父母已相继亡故，她过继给了父亲的哥哥。大大家无儿无女，拿她当掌上明珠。

大户人家，家里有专门烧饭的伙计。那伙计是个癞头，我奶奶不吃他烧的饭，硬说他的癞疮掉到锅里了。

大妈——也就是我的婆老太，是个菩萨心肠的人，对我奶奶一生疼爱有加。我奶奶不吃癞头烧的饭，她就亲自下厨给我奶奶做。下午还有甜点吃，银耳莲子羹，配上芙蓉糕。有时换成红枣银耳羹，配上桂花藕粉圆子。夏天则换成绿豆汤，配了绿豆糕。

也给我奶奶请了私塾先生，教我奶奶识字念书。我奶奶记性不好，或许也是贪玩，总是前教后忘。站门口端茶接水的小丫头倒学会了，她仍没学会。那丫头叫素玉，后来参加革命去了，当了大官。

我奶奶对读书没兴趣，手却巧得很，做女红远近闻名。她在枕巾上绣牡丹，那花像活的。我小时见过那样一对绣枕，用小指头去抠那花瓣，总疑心花瓣会掉下来。

我奶奶是个美人。

十六七岁，她迈着小脚出门去，袅袅婷婷，如一枝新荷，太阳光也没她的皮肤白。“谁家的女伢儿那么白？”这是她听得最多的话。她抿了嘴偷偷笑，心里有朵花在哗啦啦开。

她嫁我爷爷，是走的旧式的路。门当户对，两个人却隔着上百里的距离，之前连面也不曾挓过。花轿在路上走了两天，也才走到，她呕吐得一塌糊涂。

陪嫁的阵容，却是浩大的。我婆老太把家底全给了这个唯一的养女，金银首饰，不是论件计，而是论斤计。橱柜、八仙桌、条桌、书桌、梳妆台、凳子、椅子、箱笼，甚至连床都给陪了，全是上等的紫檀木做的，上面雕花。其余的小件，像焐脚用的小铜炉，抽烟用的铜烟台，洗脸洗脚用的铜盆，梳妆打扮用的铜镜子，吃饭用的银碗，焚香用的铜烛台，一应俱全。

这些个好东西，我只见过小铜炉、铜镜子和一张檀木书桌。

“破四旧”的时候，好些都给抢了砸了。小铜炉和铜镜子，我奶奶藏在锅堂的草木灰里，才逃过一劫。

冬天，我们兄妹几个在雪地里奔，鞋子全湿了。回家，把脚搁在那小铜炉上。小铜炉里，装上未燃尽的草木灰。我们在里面埋蚕豆，不时听见“嘭”的一声，是蚕豆熟了。吃一颗，好香哪。脚也被烤得痒唆唆的了，热热的蒸气，从脚底往上冒。

成年后我做梦，总梦到那只小铜炉，梦见那样天寒地冻的天，却又有着绵长的快乐和香。

我奶奶的小铜镜，我也曾无数次对着它梳妆。妆其实没什么可妆的，也只是把头发拨来弄去，看一张红彤彤的小脸蛋，在里面笑。

我奶奶的金银首饰，我却从没见过。她通身也就戴一只手镯，还是我陪她去打的，银的。我妈曾疑神疑鬼地对我们说：“你奶奶一定把些金子埋在什么地方了。”又或是：“你奶奶肯定把些金首饰，都给了你们的小娘娘了。”

这话自然遭到我毫不留情的驳斥，私底下却跟我奶奶开玩笑：“奶奶啊，你把那些金子藏哪儿了？”

我奶奶茫然，她四下环顾，似在寻觅。后来她说，抄家时，给抄走了一部分。饥荒时，拿去典当行当了吃，慢慢地，也就全当光了。

曾经繁华加身，做着养尊处优的大小姐，此后，却一落千丈，度过漫长的一贫如洗的大半辈子，我奶奶倒也没有过分悲伤。她信命，命中注定你是这种活法，你变不成那种。命中注定你要经受磨难，你想逃也逃不了。“该你河里死，不会岸上亡。”我奶奶说。当一切的遭遇，用命运来解释，所经受的苦痛，似乎也就变轻了许多。

我奶奶面慈心善，待人实诚，宁愿自己吃点亏，也不要亏着别人。

讨饭的上门，她有一碗粥，会匀出半碗给人家。

夏天，她有泡大盆茶水的习惯，一是给自家人喝，还有就是给过路的人喝。

每年腊月底，总有个老人，穿得破旧，提着麻袋来我家。麻袋里装的却是腊肠、风鸡之类的稀罕食物。

那个老人，原是我爷爷家的佃户。我奶奶过门后，对他多有照顾，他是来感恩的。这一感恩，就感了好些年。即便在人人自危的“文革”中，老人也还是偷偷来接济我家，送过好几回粮食。

远房本家的叔叔伯伯们，也都对我奶奶尊敬有加。我记得有个叫志清的，是我爷爷三哥的儿子，我叫他大大。这个大大生得十分俊俏儒雅，精通文墨。命却不好，从小没娘，受后娘百般凌辱。我奶奶怜惜他，常有接济，给他做鞋做衣。成年后，他做了人家的上门女婿，却备受那家人欺负，老婆公开在家偷人，把他赶到一边去。他来，是找他的婶娘，我的奶奶倾诉的。我奶奶每每总要抹着泪，宽慰他：“乖乖，你再忍忍吧，看在三个伢儿的份上，再忍忍吧。”

有一次他来，我正坐桌边写作业。那时我念小学了吧。他看定我，告诉我奶奶，说：“这孩子长大了准能出个人，她拿笔的姿势多端正啊。”

我奶奶听了很高兴。孙辈中，我外貌上最像她，她最疼的是我。那天，她特地煮了一只鸡蛋，让我偷偷吃了。

这个大大后来带着他的大姑娘，去了杭州。在杭州他先是开了一家小商店，卖卖日常零碎用品，后来竟玩成了一家大公司，生意越做越好。他报我奶奶的恩，我奶奶活着的时候，他每年回老家，都要塞些钱给我奶奶。他的孩子也是，对我奶奶，是一口一个奶奶地叫着，也都给我奶奶带礼物，说倘若没有我奶奶，就没有他们爸爸的今天。

我奶奶有很多讲究：

坐要有坐相，站要有站相，她这么教育我。

吃菜只吃自己跟前的，也是我奶奶教的。这个习惯，我一直保留着。

吃饭时，筷子不能插在饭里面，也不作兴叹气。吃饭时叹气，菩萨听到不欢喜，会穷一世。

睡觉时，鞋头不要对着床。

见人要带三分笑。

她给我讲故事，翻来覆去也只那几个。有弟兄二人，是放牛的，家里穷。有一天，他们在放牛时，躺在草地上，迷迷糊糊就要睡过去了。突然听到有说话声，他们偷偷睁开眼睛，看到竟是两头老牛在说话。两头老牛议论的是在东方有一座金山，山上遍布金子，只要一直往东走，就能走到。不过，在太阳上山前，一定要打转回来，不然，会被太阳吃掉的。弟兄二人牛也不放了，拔腿就向东走，他们走了一天又一天，终于在又一天清早赶到金山。哎呀，那满山的金子多的，晃得他们眼睛都睁不开来了。弟兄两个埋头捡啊捡啊，很快，一人捡了一大袋。哥哥记住了老牛说的话，在太阳上山前一定要回转，他就对弟弟说："兄弟啊，我们捡了一大袋了，够我们这辈子吃喝的了，我们回家吧。"做弟弟的却舍不得走，他想再捡一袋子。哥哥没办法，只得先回去了。弟弟就在那儿捡啊捡啊，一袋子又满了。他还是舍不得走，想，再捡一袋吧。太阳已爬上来了，他还在捡，结果，他被太阳一口吞了，融化成金子啦！

我奶奶的这个故事很有意思，它让还是孩子的我，就明白了这样一个道理，金子原是贪心变的，人不能贪心。

还有一个故事，我也总是百听不厌。一个种田的小伙子，家里穷得连媳妇也娶不上，但他人好，看见蚂蚁都不忍心踩死。他去种田，鸟都停在他肩头上唱歌。有一天，他在挖田时，挖到一只田螺，他不忍田螺在地里受苦，把它带回家，放在水缸里养。这之后，他每天从地里回家，家里桌上都有一桌好菜，冒着热气在等着他。他好生奇怪，是谁做的呢？一天，他装作去地里劳动，中途却折回，躲在屋角后从窗子里往屋里瞧。不一会，从水缸里，竟缓缓站起来一个漂亮的姑娘。姑娘奔向灶台，手脚不停地忙，很快，就端出一桌好菜来。小伙子一脚跨进门去，从背后抱住了姑娘。姑娘就做了他的媳妇儿了，他们过上了幸福的日子。

这个故事让我知道，万物，都存着心的，所以对万物有着敬畏。

“人在做，天在看。”这是我奶奶说得最多的话。她相信因果报应，相信转世轮回。“人要积点阴德。”她时常如此念叨。

我奶奶也迷信一些鬼画符。我生病，头疼脑热的，我奶奶就端一只水碗，搁地上，这叫站水碗。外头有阳光照进来，在地上泊一圈银粉的光。我奶奶在那圈光里面蹲下来，手里拿三根筷子，在水碗里站。她一手扶筷子，一手操水从筷子上头浇下去，嘴里面念念有词。筷子最终在水碗里站起来，能站好几分钟不倒。我奶奶长舒一口气，收了碗筷。阳光随着她的身影，水波样的晃了晃，她走到我床头，对我说：“没事，是你婆老太摸了你了，婆老太疼你呢。”然后，折些纸钱，给婆老太烧去。

她这方法，竟屡试不爽，很快，我又能活蹦乱跳的了。

有时我也突然地眼神发呆，那是被什么惊着了。我奶奶拿水碗搁我睡觉的床底下，碗里放一根缝衣针。隔天，拿水碗里的缝衣针看，两头全锈住了，说明我是丢了魂了。我奶奶就拿了我的鞋子，从外头一路叫着我的名字，叫一声，我应一声“哎”，魂就这样被叫回了。

等我读了一些书后，长了见识，我自诩是无神论者，很是反感我奶奶的这些鬼画符。我奶奶再做，我就很不配合。想那时多伤她的心哪。我现在很怀念，那些鬼画符里，有着怎样的静好稳妥。

我奶奶对世上诸事万物，都能“与善仁”，唯独对我妈，她少了颗宽容心。

一个屋檐下住着的两个人，常常剑拔弩张，一触即发。

见面冷着脸，互不搭理那是常态。背过身去，你冲着我翻白眼，我冲着你翻白眼，是急赤白脸的两个。

我妈黑，瘦，皮肤粗糙，长得不好看。

我奶奶背地里就笑话她：“你妈身上的皮，黑得掉碳渣里也摸不到。”又或是：“你妈那长相，该派多难看啊。”

我妈对女红也不精通，她除了会扎鞋底外，其余的针线活，实在可怜。毛衣盛行的年代，我好想我妈能给织一件毛衣，但我妈手拙得厉害，怎么教也不会使那棒针。

我奶奶就说：“天底下找不到第二个，比你妈手更笨的人了，缝个补丁那针脚像蜈蚣在爬。”

邻居云珠婶婶来玩，与我奶奶闲话，说到好玩的，她们笑出声来。我妈刚好从地里回来，瞅见这一幕，疑心是在说她坏话，立即表现出不痛快。云珠婶婶跟她打招呼也不理，她一径走过去，把一只水桶，踢滚到墙角落。又把一只矮凳，踢得翻了个身。随后走进屋子里，屋子里跟着传出乒乒乓乓之声，那是她在摔东西示威。

这时候，我们兄妹几个，早就识相地躲一边去了。若是被我妈撞上，我妈是不管三七二十一，拿我们当她踢的那只水桶，吃一顿莫名其妙的挨打，是免不了的。

在屡次的教训中，我们早就得出经验，在我妈心情不好的时候，能躲多远，就躲多远。

我奶奶也是，她从不跟我妈当面顶，她噤了声，只埋头洗衣裳，或喂鸡喂鸭。云珠婶婶也知趣地走了。她们的冷战又拉开，能一连好多天不说话。但各自的活计照做，我奶奶负责家里的洗汰烧煮，我妈负责挑担挖田播种收割。

我奶奶洗着一大长桶的衣裳。洗到我妈的，她很生气地扔到一边去，说："你看你看，你妈的衣裳该派多脏。"我看过去，确实脏，泥里滚土里爬的，那裤脚上全是泥，衣背后，全是汗渍。

洗到最后，我奶奶还是妥协了，把我妈的衣裳拿过来，放在搓板上搓，边搓边说："我帮你妈洗了一辈子衣裳，什么脏的都洗，没落到她一句好话。"

衣裳晾上绳，有好闻的肥皂味。我妈从衣裳旁边走过，看也不看一眼。她捧起碗来就吃，风卷残云般的。地里的活儿，还在等着她，永远也做不完。吃饱，我妈搁下碗，临出门前，我妈说："都是我在养着你们这些吃闲饭的。"这话是有意说给我奶奶听的，在我妈眼里，我奶奶就是闲人一个。我奶奶不接茬，却在我妈背后，冲我妈挥拳瞪眼。

我奶奶去走亲访友，去得最多的，是她二姐家，我叫二姨奶奶的。我奶奶每回去，都把我带上。俩老姐妹相聚一起，自然要谈到我妈，我奶奶一边做着针线活，一边列数着我妈的"恶"，倾诉一回。二姨奶奶不放心地看我一眼，说："梅丫头不会回去学话吧。"我奶奶赶紧说："梅丫头跟我是一条心的，嘴紧，不会说的。"

我听着真是无比骄傲，我守着我奶奶的秘密，神圣又庄严。

我妈却像是有顺风耳，我们刚回来，她就把我揪到一边去问："你奶奶在二姨奶奶面前又说我什么坏话了？"

我的心是向着奶奶的，不肯告诉她。我妈就骂我是叛徒。

我妈的脾气不是一般的火爆。吾乡有句方言，说打就擒毛。我妈就是这样的人。

她的阴晴转换，你根本不好掌控，早上出门时好好的，中午回家却一脸乌云。许是干活干出一肚子气了。许是又受了他人的欺负了。谁也说不清她的火，是从哪旮旯里冒出来的。

每每这时，我姐就遭殃了。我姐也着实调皮，每日里总要弄出一些事端来，我妈正好要个撒气筒，我姐就充当了，总要被无头无脸暴打一顿。

我爸最反对我妈瞎打。他再三跟我妈说："孩子的头不要打，打笨了，书就读不起来了。"我妈当时或许听进去了，但等到她真的打我们时，又顾不得了。

我姐后来书没念下去，她找到理由，说："脑子被我妈打坏了。"

我爸就把我妈数落一通。我妈理亏，神情讪讪的。

我是兄妹四个中最乖的，听话，文静，从不惹事，挨打得最少，但也有深刻记忆的一两次。一次是两三岁时，黄昏了，晚霞彤红，我蹲在家门口的地上玩，看一只绿色蚂蚱，跳舞。我妈突然冲到我身后，她手里握着一根扁担，冲着我就是一扁担，我立即趴地上了。我奶奶救了我，我奶奶说："你这是搞的哪一出，拿伢儿撒什么气！"

还有一次，我小学快毕业了。是下午，我背起书包，就要去上学了，和我妈不知为了什么事，起了争执，她一巴掌挥到我脸上，我的鼻孔里立即血流如注。

那个下午，我没能去学校。我痛哭了一下午，在心里发着誓，长大了一定要报仇。

我妈爱翻些陈年烂谷子，有事没事，她就拿出来翻。

那些烂谷子，都是有关我奶奶的。

她结婚时，我奶奶所去彩礼，只一副银耳坠，还是借的。她新婚第三天，人家就来要那副银耳坠。她走到东，人家跟到东。她走到西，人家跟到西。

她嫁过来第二年，我奶奶生下我小娘娘，她反过来要服侍我奶奶做月子。

我小叔叔那时才六岁，是跟着她睡在怀里的。她去街上卖玉米秆，一头挑的是玉米秆，一头挑的是我小叔叔。

她拼死拼活地做，累得像条死狗，给我二娘娘三娘娘挣嫁妆，打发她们出门。

她生下我姐第三天，就自己下河洗尿布，下田挖墒，我奶奶不闻不问。

她刚生下我大弟，我奶奶就丢下她，自己另过去了。

我妈越翻越来气，那么个烂摊子的家，就她撑着，她是前世作了孽的，今世要来做牛做马。

我妈数落到这里，泪就下来了。然后，哭声由小变大，最后变成长调。

我和我姐，最怵我妈开腔长哭，那是拧开的水龙头，偏着阀门又坏了，想关也关不了，只能听着水哗啦啦地流。

我妈能一哭几个小时。长调宛转，她一边数落，一边怒骂，家里人人都被骂进去了，中间夹杂着一些不堪入耳的脏话。

夜静更深，唯她的哭声缠绕不休。那时听着，我和我姐烦躁得恨不得化成一缕烟，远远遁走。

我不爱我妈。

我姐更不爱。

我姐成长成少年，叛逆得很，常跟我妈对骂。骂急了，就摔门而去，几天不归家。

我妈又急着出去找。找回来，接着骂。

我妈说：“我养了两只白眼狼。”是把我也圈进去了。

夏天天黑尽，我妈还在地里头忙活。那块地在村里的坟场边上，白天走过，都有些阴森森的。我妈也胆小的，她去干活时叮嘱我们，晚上早点去接她。到了晚上，我们兄妹几个为谁去接她起了争论。我姐是坚决不去。我推托要看书学习呢，不去。我大弟没办法，只好他去了。却学嘴学舌告诉我妈，说我和我姐都不肯去接她。

我妈回来，人还没迈进家门，骂声就送进来了。骂着骂着，就数落开来。数落着数落着，又哭开了，长调不休。

她是真的伤了心。

可彼时，我们只是一味地恨着她，一点疼痛也没有的。

我奶奶说：“你妈做了十桩好事，顶不过她一骂，都被她骂没了。”

回头看看我妈，的确如此。我妈嫁我爸时，我爸下面还有两个弟弟，两个妹妹，后来又添上个小妹妹，也就是我的小娘娘。真正穷到极点，她是一脚踩进黑窟窿里，再也没能拔出来。吃苦耐劳，她是第一人。苦活累活，她是冲在最前头。十来口人的大家庭，全凭她的一双手，换得饭吃。

她待我爸的弟弟妹妹，是当自己的孩子来待的，添衣做鞋，没落下一样。

我二娘娘和三娘娘出嫁，是我妈置办的嫁妆。

我小娘娘念书，一直念到高中。高中后又复读好几年，被褥衣袜，全是我妈给整理了，还给做鞋。

我小叔叔十一岁给人抱养，我妈每年都接来家里。结婚时，她请人给做了一张婚床，用船装了，她在岸上拖着纤绳，走了几十里的水路，一路拖到我小叔叔家。

那日，我在船头坐，新奇着两岸的房屋，全倒映在水里，一点一点，往后移去。船行无声，晃晃悠悠。人声间或响起，在水边洗汰。柳绿花红，鸟雀穿梭，我妈弯下的腰上，驮着一大片阳光。

却没有一个人念我妈的好。“我嫂子那张嘴。”我小娘娘说。我小叔叔说。

言语是顶伤人的。我妈败在这上头。

是到我成家后，才渐渐理解了我妈。

那样的穷日子，又命运多有起伏，千头万绪，左冲右突，她要练就一副怎样铁打的身躯，才能抵挡。

我们兄妹几个又都是不省心的，我姐六岁时被滚水严重烫伤。我大弟四岁时被赤脚医生打针打瘸了腿。我亦大病过几场，死里逃生。我妈的心，不知为之碎了多少回。

她的柔软根本没来得及张开，就已被种种苦难淹没，她只能化作金刚不坏身。

也才有机会，细细打量我妈，还是瘦，还是黑，苍老堆满额头。从前，我只一味地排斥着她，从未曾靠近过，想她多么孤单。

如今，我要加倍对她好。

我带她去旅游，坐火车，乘飞机。我妈高兴得很，坐在她的座位上，一动也不敢动，眉毛眼睛却都在笑。不时小声问我："这是我们的火车吗？""这是我们的飞机吗？"

乘电梯上宾馆。我妈害怕，她怎么也不肯进电梯的小箱子，我只得陪她爬楼梯。中途，我问她："爬得动么？"我妈满不在乎，说："我上百斤的担子都挑了，走点楼梯算个啥。"想想也是，虽说她年近七十了，可体力上，真的比我厉害。

躺在宾馆的床上，我妈睡不着，是兴奋的。她感叹道："我现在享我姑娘的福了。"

饭店里，花瓶里插着大束绢花，以假乱真地艳丽着。我妈看着，伸手去触摸。轻轻触一下，四下看看。再触一下，四下看看，眼神调皮。她像个偷着玩耍的小姑娘。

商场里，看见玉镯，她迈不动脚步了，眼睛盯着，恋恋的。我问她："想要吗？"她不好意思点头，却又立即拉我走，说："算了，很贵的，不浪费钱，你赚钱也不容易的。"我执意给她买。然她的手由于长年累月劳作，已严重变形，试过柜台上所有玉镯，竟没有一只能套进她的手腕去的。

我还是给她买了一只，用线穿住，挂在她的脖子上。

我妈在电话里欢喜地告诉我，她会做荷包鱼了。

我妈会做菜，这挺稀奇的。我的童年少年，还有部分青年时代，都是吃着我奶奶做的菜。成家后，每次回家，也都是我奶奶在灶台上忙碌，从未吃过我妈做的。我奶奶做菜如同她绣花，也是顶讲究的。再简单的食材，她也能做出不一样的味道来。我们吃腻了山芋，我奶奶就做山芋羹、山芋饼，或是拔丝山芋。难吃的胡萝卜头，我奶奶也能把它凉拌成美味。我奶奶摊的粉皮，薄得照得见人影。我奶奶擀的面，滑溜溜像水粉。

我奶奶在世时，我妈从未上过灶台。

我回家，妈端出她的荷包鱼。

她很紧张地站在一旁看着我吃。

鱼味道真的很好。

我吃掉一整条。我妈大受鼓舞，说："下次你回来，我给你包三鲜饺子吃。"

我说："好啊。"我真心希望，能这么长长久久吃下去，我妈也就能活得很长久了。

我奶奶在八十二岁上，被查出患了胃癌。

我妈筹备了钱，和我爸送我奶奶进医院开刀。

我奶奶此后又活了六年。这期间，我妈对我奶奶，很照顾，好吃的，好穿的，都尽着我奶奶。我奶奶对我妈有了感激，她跟我说："人要讲天良，不是你妈，我活不成。"

我悄悄对我妈说："妈，谢谢你，谢谢你对奶奶这么好。"

我妈反倒不好意思起来，她说："跟你奶奶有什么好计较的，她都病成这样了。"

到此时，斗争了大半辈子的两个女人，方握手言欢。

我奶奶走得突然。中午她还给我妈包了饺子，自己吃了一碗。下午说倒下就倒下了，胃里的东西，全呕吐出来。她爱干净，意识模糊之际，还怕脏了衣裳，伸手接住自己的呕吐物，无奈接不住了。

当时，家里没人，只我妈守在一边。我妈抱住她，连声唤着她，不停帮她擦洗。她很努力地看我妈一眼，嘴里却说不出话来。

她死在我妈怀里，面容安详。

之子于归，宜其室家

我姐挎着跟她的人差不多大的猪草篮子，从门前的小路那头，一步一步挪过来，小身子压得弯弯的。我奶奶看见，赶紧小跑着去接。

篮子沉得很。不用说，青草下面，又藏着玉米棒。

那时吃大集体，家里最缺的，是粮食，我们常吃煮胡萝卜当饭。真馋，想吃一顿纯粮食的粥呢，眼光就瞄上了集体庄稼地里的庄稼。

村里的小孩，眼光也都瞄上了，借着割猪草的名头，钻进庄稼地里。玉米成熟了，就偷几根玉米。山芋成熟了，就挖几颗山芋。这事，也只有小孩干得出来，大人们是不能干的。小孩被干部捉住了，顶多是挨训斥一顿，把猪草篮子没收了。大人们若做了这事，那就成了真正的贼，是要挨批斗的。

我姐是这些孩子里头，最胆大的一个。她每回出去割猪草，都不会空着手回来，手快脚快，又贪心，总要把篮子装得提不动了。我奶奶回回都被她吓得魂都快飞了，一边骂她，一边又紧着藏起那些玉米棒。草堆是最佳隐藏地，总要等到更深人静了，才扒开草，翻出那些玉米棒。我们围着一豆灯光，剥玉米，天晴时放在厨房的屋顶上晒。是等不得晒干的，已被磨成细粉，很快，我们喝上了浓稠的玉米粥。我们一碗接一碗地喝，撑得实在喝不下了才作罢。香，香死了。

我奶奶收拾碗筷，把锅底的残留，反复用勺子刮，刮得干干净净，拿碗盛了，留着我们肚子饿了吃。她一边告诫我姐：“下次不能这么做啊，被人抓住可不得了了。”

可是，新鲜的玉米粥是多么好喝，哪里能抵挡得住这诱惑？我姐改天去割猪草，又会偷掰几根回来。

类似的活动，正常是我姐和我小娘娘参与，我小娘娘只比我姐大一岁，她们基本结伴在一起，看起来更像姐妹。

然我小娘娘的胆子却小多了，她怕，她不敢偷，我姐冲在她前头。

那天，也就被人追上了。一群孩子吓得四下逃散，一条河阻隔了去路。我小娘娘的腿立即软了，我姐二话不说，把我小娘娘的篮子，连同她的篮子，一起推到河里去。她的人，随即跳进去。这壮举，把追的人反倒吓了一跳，那人站在河边，跟我姐妥协道：“大丫头，你上来吧，这次算了，不罚你了。”

我姐在确信那人说的是真话后，她才爬上岸来，扛着湿漉漉的篮子，凯旋而归。篮子里，几根玉米棒，完好无损地躺着。

我爸说我姐是没魂没胆。

这个评价，真是中肯得很，我姐的确有着天不怕地不怕的气概。她本该是个男儿身，怕是在投胎的路上，走得太快了，这才变成了女儿。

男孩子做的事，我姐都做过。男孩子不做的事，我姐也做过。

上学时，几天一场架，那是常事。

隔壁村孩子到我们村割猪草，我姐捍卫领地，率我们队一帮孩子，跟人家干上了，泥块子扔得满天飞，打得人家抱头鼠窜。

第二天，那几个孩子带了一帮人来报仇。我姐像个斗士似的，冲上前去，跟人家肉搏战，最后挂了彩回来，被我爸狠揍一顿。

那些年，挨打对我姐来说，太过稀松寻常了。我爸是个极少对孩子动拳头的人，对我姐却是个例外。用我爸的话说，几天不收拾她，她浑身就痒痒了。

每年除夕，我姐注定是要挨修理一下的。我爸我妈一个拿刀一个拿盆的，恨不得把她生吞活剥了。我若挨打，我奶奶必护着。换了我姐，我奶奶却持观望态度，有时还会说："打得好，把她身上的鳞刮刮，才能过个太平年。"

大人打小孩，总逼迫小孩画招认错。我和我大弟是认错最麻利的，往往大人的拳头还没落下，就赶紧画招："下次不了，下次不了。”大人要的就是这效果，达到效果了，也就算了，我们因此少挨好多打。

我姐却不，她性子刚烈，越打得凶，她嘴越硬。那边我爸逼着问：“你下次还做不做了？”这边我姐却咬紧牙关，坚强得跟刘胡兰似的。她到底多挨了多少鞭子，真是说不清。

现在想想，我姐到底犯的是什么错呢？不过是上树下河。不过是闹着要穿新衣裳。不过是想吃红烧鱼。不过是小孩子打闹一场。不过是领我们烧了河边的野草。不过是玩丢了作业本了。

我姐若要回顾她的童年少年，用一句话就足够了——那些年，所挨过的打。

我姐的胆大调皮，给她带来过厄运。

六岁那年，她和几个孩子，在我们四队的晒场上玩。那里有养猪场，养猪场门口的露天里，砌着一大灶台，有台阶可以攀上去，上置一口大锅。每日上午，饲养员都要烧上一锅滚水拌猪食。

那天，饲养员又照例烧了一锅滚水，人却因有事，临时走开了。我姐和几个小孩一见饲养员走开，赶紧跑过来，平时他们都不能挨着大锅玩，饲养员是不肯的，会骂的。这会儿，终于没人管了。

几个小孩不敢爬上去，只在锅堂门口添火玩。我姐一个人爬了，一直爬到大锅旁边，站到锅盖上去了。那时的锅盖是木头做的，两片。锅盖突然受了重力，被踩翻了，我姐一脚伸进滚水里。

我姐的一条腿几乎被烫熟了，裤子贴在肉上，剥都剥不下来。

我爸带我姐先后两去上海，用光家里全部家底，还欠了不少债。后来，因实在无钱住院，我爸只得带我姐回来，我姐没做得成植皮，一只脚成了肉瘤瘤。一直等到十九岁，家里经济条件稍有好转了，我姐闹着要植皮，这才进医院，把那肉瘤瘤给拉平了。

小时我跟她急的时候，骂过她，瘸子。做小孩时真不懂事，她哪里疼我捅哪里。

每每想起，总很内疚。

我姐是家里最大的孩子，我爸是想悉心培养她来着的。

无奈我姐对读书，提不起半点劲来，她总表现得心不在焉。对着一本数学书，如同被霜打的一般。

一俟丢了课本，要她去地里帮忙干活，她立即还过魂来，活蹦乱跳，比谁都神气。

有一次，我和她走在田埂上。我姐胳膊肘里挎一猪草篮子。我胳膊肘里挎一猪草篮子。春天的风吹得温柔，温柔得能在人心里长出草来。荠菜花一堆儿一堆儿的，挤眉弄眼着，清秀得很。油菜花却泼辣得满地打滚，一片金黄。乡下的春天，有着满满的情趣。村里几个女人坐在沟边歇息，可能说起什么好玩的事了，她们一齐笑起来，笑声震得菜花的花瓣簌簌落。我姐站那里看她们，一脸羡慕。后来，她跟我说："种田多好啊，多自由啊，比读书快活多了。"

初中时，邻乡有一所联中，中考率达百分之九十，一时间，各地学生蜂拥而去。我爸也挖空心思，不惜卖了家里的口粮，花了高价钱，把我姐塞进去。

学校住宿紧张，安排不下，我爸又东拐西拐，找到附近一户人家，把我姐安置下来。那家刚好有个叫慧的姑娘，和我姐同龄，也在那所联中读书，她们正好结成伴。

我姐和慧很快打成一片，她们一起上学，一起放学，却都不爱读书，倒是对田里的农活感兴趣。每天放学后，我姐就去帮那家人拾棉花，剥棉果。有时，能剥到夜深。

这样一天天下来，我姐书没读下去多少，干农活倒是长进不少，她一晚上能剥上百斤的棉果。在她又一次被老师罚抄化学方程式，我姐终于急了，这劳什子书不读了，她收拾书包回家。还鼓动慧跟着回家。慧果真信了她，后来去学了缝纫，早早结了婚，嫁了个军人。这些年，与我姐的来往一直没断过，像走亲戚一样的。

十五六岁，我姐已成了家里的壮劳力。

但我姐的婚事，却一耽搁就是四五年。

那些年，我、我大弟、我小弟，都在上学念书，正是家里用钱的高峰期，我爸满脑子都是我们上学的事，我姐的亲事，他根本无暇顾及。又，他原是存了私心的，把我姐扣在家里，多帮家里劳动一年，他和我妈的负担，就会减轻许多。

我姐也懵懂得厉害，和她同龄的女孩子，早就嫁人了，有了小孩了，小孩都会跑会跳了，我姐还连恋爱都没谈过，她一心一意在我家的承包地里埋头苦干，心无旁骛地为我们做着奉献。

农活没一样她不是出色的，她手脚麻利，一晌午，能插上两亩田的秧。秋天养蚕，她比村里哪一家都养得好，蚕结的茧子又大又白。我姐勤劳擅农事的美德，也就很有些远播了，是诗经中所赞赏的姑娘，子之于归，宜其室家。

说媒的三天两头蹬上门来，我爸推托，我家大丫头还小呢。有时实在推不了，也就让我姐自已拿主意。我姐能拿什么主意呢！她拉上我，跟她一起去访亲。

那会儿，我在念高中，在课堂上被我姐叫出来。我姐要访亲的那一家，就在我学校的河对面。

我和我姐，跟着媒人，绕了很远的路，绕过河对岸去，沿着河边的小径，向那户人家慢慢走去。河边开满小野菊，野蜜蜂吵嚷得厉害，好风好日，都叫人心生欢喜。可以清晰地望见那户人家的几间瓦房了，门前长着一棵柿子树，一条黄狗在门前摇头晃脑。我姐有些紧张，有些羞涩，她拉紧我的手，手心里全是湿的，她问我："我的头发没问题吧？"我看看她的头发，很齐整的。她又问："那么，衣服呢？这件衣服还好吧？"我看看她的衣服，雪花呢的，是当时最高档的衣料了。说是借的孙田芳的。

孙田芳生得好看，和我姐一样大，小学里，她们一直是同学。孙田芳没念过初中，早早说得一门好亲事，是在老街上修钟表的钟表匠，人有点小残疾，一条腿是跛的。但他是城市户口，那时，拥有一个城市户口，再不济的人，也被镶上金边的。孙田芳就很让吾村人羡慕了，她一个农村丫头，竟能嫁到老街上去。三辈子修不到个城门角，她是几辈子修来的呢！

钟表匠给孙田芳家送来的彩礼，是一块雪花呢的面料，还送来一台黑白电视机。电视机那玩意儿，全村没几家有，只有一养鱼的姓仲的万元户家，买了一台。还有孔春林家，他办了个小窑厂，用砖头跟人家换了一台。

孙田芳在当年秋天就结了婚，却很少住在老街上，她大多数时间，都住在娘家。听说婆婆待她不好。丈夫听婆婆的话，待她也不好，嫌她是农村人。

这天，我细细打量我姐，发现穿着雪花呢的我姐，比孙田芳好看。我给我姐打气："不怕。"我姐自己也说："不怕。"我们也终于走到那户人家家门口。媒人大声打着招呼。有人喝住想咆哮的狗。狗仿佛明白了什么，知有贵客上门，夹着尾巴，躲一边去了。

屋内的人鱼贯而出，穿着崭新，热烈欢迎我们。也就被人让进屋内坐，八仙桌上早已摆上糕点茶水。那户人家大概把重要亲戚也都叫上了，一屋子的人。我在里面搜索，猜测着那一个是我姐要相亲的对象。正暗自琢磨着，媒人一一介绍起来，他爸，他妈，他，他叔，他婶，他舅，他奶奶，他表哥，他表姐，他堂弟。哎，记不住了，每一张脸，都冲我和我姐端出最憨厚诚实的笑。

那人个子蛮高，身材魁梧，脚上竟穿双皮鞋，擦得锃亮的。我姐心中早就中意了吧？她低着头，绞着衣角，不吭声，与平时的泼辣豪爽判若两人。我却大胆起来，更多的是觉得好玩，盯着这个看了，再看那个。一屋人的焦点，就对着我了，他们对我嘘寒问暖，热情招待我吃点心，我吃了一块又一块。那人的父亲说："妹妹就在河对面念书吧？以后要常来我家吃吃饭，我们撑船接妹妹，也方便的，一点不麻烦。"大家附和着，是啊是啊。我去他家屋后看，那里果真泊着一只小水泥船。

我简直有些心花怒放了，想着以后可以经常乘船来这家吃饭，想着我们以后就要做亲戚了，好不真实，又好幸福。彼时，我因家里贫困，一月交学校伙食费六块，只订饭，不订菜。中午吃饭，拿开水冲酱油当汤，叫酱油汤。偶尔跟住老街上的同学回家打次牙祭，改善一下伙食，平时就难得见到油腥了。

从那户人家出来，媒人再三催问我姐的意思，说："你嫁过来，不会吃苦的，他家就住在街旁边，上街买个东西也方便。那小伙貌相又好，也能干，他爹娘年纪也不大，以后你们有了伢儿，可以帮衬你们的。"我姐只说："等我回去跟我爸商量一下。”却悄悄问我的意思，我当然说好。我是巴不得我姐当即答应下这门亲事的，那我就能堂而皇之，时时乘船过来了。

我姐却若有所思说：“你看，他还穿皮鞋，皮鞋擦得那么傻亮的。”

那年代，吾村人见识短浅，对穿皮鞋穿喇叭裤的人，一律认为是二流子。我姐的性格虽豪爽，骨子里却传统得很，那双锃亮的皮鞋，成了她心头的疙瘩。但她又是有点喜欢上那个人的，她有些摇摆不定。

周末我回家，却得知我姐已回绝了这门亲事。我爸说：“还把皮鞋擦得傻亮的，那种二流子，不能嫁，嫁过去会吃亏的。”

我真失望。晚上睡觉时，我对我姐说：“那人看上去不错哎。”我姐没说话，许久之后，她才叹一口气，说：“睡吧，明天我还要开早工的。”

我姐后来又相过不少亲，都是人家上门来访，她再没去过别人家里面。这么挑挑拣拣，我爸不当回事，我姐自已也不当回事。到我读大学的第二年，我姐突然写信到我，告诉我，已订下一门亲，姐夫是个小木匠，人长得四四方方的，很有福相。

我脑中闪电一样的，划过吾村那个叫贤的小木匠。

我考上大学，我姐比谁都高兴，她一路广播着：“我妹子考上了，我妹子考上了！”从红旗河南岸，绕一圈，一直到红旗河北岸去。只一会儿，村里家家户户，都知道我考上了。村支书派人买了礼物送来，一支钢笔。一个喝水用的搪瓷茶杯。一本软皮面本子。

我姐着手为我准备上学穿的衣裳。她把她有限的可怜的几件好衣裳，全翻出来给了我。后来，她又专程坐了车，去我学校看我，带我去商场里买了一件格子呢风衣。当时标价，五十九块五。是相当昂贵的了。那钱，是我姐跟我姐夫订婚，我姐夫家送来的彩礼钱。

那件格子风衣，我穿了好些年。毕业后，我出来工作，天天穿着它上讲台，几乎穿成了我的标志。有学生在多年后回忆我，是这么跟我说的：

老师，还记得当年你穿着格子风衣，剪着短发，圆脸，一笑嘴边有浅浅的酒窝。

我写到这里时，停了下来。我在努力想我的格子风衣，它最后去了哪里？我竟是一点印象也没有了。

我给我姐打电话，说起这件事。我姐有些意外，问我："怎么突然想起那件格子风衣了？穿旧了自然要扔了的。"

她随即绕开这个话题，问我要不要鸡蛋，要不要蔬菜。鸡蛋是她散养的鸡生的，蔬菜是她亲手种的，一点农药也不用，纯天然的。我每隔一些日子，就回乡下去，到她家里取一些，带进城里来。

我有时很羡慕我姐了，她过着城里人向往的田园生活，拥有一幢自己盖的别墅，房前种花，房后种菜，还养着一群羊和鸡鸭。她在她俗世的日子里，欣欣向荣。

我姐唯一的憾事是，小时的那场烫伤，让她这辈子也穿不了裙了。

愿得一心人

我小娘娘迫切想要脱离我们那个大家庭，是在十八九岁上。

那天，我去我奶奶的房里，找剪刀想裁纸装订练习簿。在针线箩里，无意中翻到我小娘娘的一本记事本，上面写着这样两句诗：

愿得一心人，白头不相离。

我很吃惊，撞破了一个秘密似的，又使我很慌乱，我赶紧原封不动放好那本记事本。然这两句美得极凄艳的诗，却深深刻在我的脑子里。再看我的小娘娘，她的人长得那么小巧，虽说比我姐长一岁，我姐站她跟前，看上去要比她大很多。她与我姐的性格也大相径庭着，我姐是江湖豪侠，义薄云天，与《水浒传》里的孙二娘有得一拼。我小娘娘却沉默寡言，又胆小怕事，与这两句诗，实在不搭界。

我留心观察我小娘娘，她的面上并未表现出不一般，她和我姐结伴着，能避开我妈时，都尽量避着。她日出而作，日落而息，在日子里，波澜不惊着。

我却惦记着她的秘密。改天，又偷偷去翻了一回，上面有了新内容，一页上写着，孙么民，孙么民，孙么民。只这一个名字，写了满满一页纸。又一页上写着，孙么民，你带我走吧。

我吓得不轻。

孙么民我认得，同村同生产队的，和我小娘娘同过学。他有一哥孙么宜，性情温和，高考制度恢复后，他是吾村考上大学第一人，名噪一时。他家的门楣，因此被抬高了许多。

孙么民与他哥不一样，性子猛烈，常做些打架斗殴的事。初中毕业后，他就回到村子里，爱穿牛仔裤，爱留过耳的长发，不事稼穑。却搞了一堆蜂箱，说是要做放蜂人，追逐着花跑，四处闲游。吾村人背后叫他孙二流子，幸灾乐祸地悄悄议论："不怕他孙业青说嘴，他是播了颗好种子，也播了颗孬种子。"孙业青是他们的父亲，因大儿子孙么宜考上了大学，孙业青不太把村人们放眼睛里了。

我遇到孙么民，不由得多看了他两眼。他一副吊儿郎当的样子，吹着口哨，从我跟前走过去。

我替我小娘娘忧伤，不知怎么办才好。我试探着问我爸："爸，你说小娘娘以后会嫁个什么样的人？"我爸不在意地说："还能嫁个什么人。嫁个种田的吧，好好过日子。"我说："那，像孙么民那样的人，行不行？"我爸有些警惕地看看我，我赶紧说："我是想学他哥考上大学的。"我爸赞许地点头，说："你不会考得比他差的。"见我还愣着，我爸就又说了："孙么民不学无术，你小娘娘不会嫁这样的人。看书去吧，你小娘娘的事，不要你操心。"

唉，我的一颗心，掉进冰水里了。

我小娘娘生在我们那个大家庭里，多少有点尴尬。

她出生不到一年，我姐出生了。两个人年纪相当，却硬是比我姐长了一辈。

那个年代，这样的事司空见惯。小学时，我有同学王玉宝，他有五个娘娘，两个大大，四个叔叔。他的小叔比他还小两岁，我们念三年级时，他小叔才念一年级。两个人在校园里打架，他小叔打不过，坐在地上号啕大哭。老师看见了，喝令他小叔站起来，这么教育他小叔的："亏你还是个长辈，跟晚辈有什么架好打的？还好意思哭！"

我妈对我小娘娘，感情是复杂着的，因与我奶奶之间的隔阂嫌怨，我小娘娘被她严重不喜，没少挨过莫名其妙的骂和白眼。然母性的天然，对孩子总有种怜爱，她给我姐做鞋时，也会量一量我小娘娘的脚，给做上一双。

我小娘娘想通过读书改变命运。在我们家里，这一点是被无条件支持着的，即便我妈，也不说什么。我小娘娘顺利地把书一直念到高中毕业，回家务农半年，小身子骨受不了田间劳作的苦。更确切地说，是受不了我妈的坏脾气，她想逃离，便又闹着要去复读。

也就得逞了。行李是我妈亲自给备下的。我妈在灯下给她纳新布鞋，在灯下给她絮新棉被，一边就说："也不知道你将来长本事了，还记不记得我这个嫂子。"

我小娘娘当即信誓旦旦说："记得的，记得的，嫂子你对我太好了。"

我妈很满意，嘴角边漾起笑的纹，看上去，很温柔。

我小娘娘在外折腾半年，我妈还给送过两回咸菜和粮食，用一根扁担挑着去的。然她高考下来，与录取分数线却相差太多。

之后，我小娘娘又复读一年，没考上。她不得不死了心，到底不是块读书的料。她回了家，死心塌地做农民。

我妈是失望得很的。一与我奶奶起了纷争，就会拿我小娘娘说事，含沙射影地骂。

我姐向着我小娘娘，跟我妈对着干，我妈认定那是小娘娘挑拨的。一度时间，家里的空气窒闷，不见硝烟，却处处硝烟弥漫。

我在得知我小娘娘的秘密没多久，有人来给我小娘娘说媒了。

我爷爷奶奶是没有主见的，全由我爸给做主。

来人在我家堂屋坐，与我爸我妈叽哩咕噜半天，我们家就着手打扫卫生了。把屋子里的灰尘掸净，屋前屋后也都给清扫了，说是第二天有人上门来访亲。这户人家家底厚实，房子是小瓦盖的，屋前还长着十几棵银杏树。那时的银杏树等于摇钱树，能嫁到这样的人家，是有福气的。

我小娘娘听说人家来相亲，她推说肚子疼，晚饭也没吃就上床了。第二天她赖在床上不肯起来，我姐怎么劝，她也不起来。我一方面替我小娘娘担着心，着急着，另一方面，又怀着好奇，兴奋地等待着上门来相亲的人。

一行人终于到来。小伙子父子俩，还有两个叔叔跟着，都穿戴齐整，头发梳得油光光的。他们围着我家屋前屋后转了一圈，我爸跟着，递烟递茶。我和我姐一看见那小伙子，心立即凉了，他有一只眼睛竟是歪着的，人也生得黑不溜秋。

我奶奶做了荷包蛋端上桌，众人围桌寒暄。那个歪眼吭哧吭哧，竟把一碗荷包蛋全吃了，我给他的印象分，又扣去许多。

心里不喜，我就故意生出事端来，把大门摇得咯吱咯吱的。我爸对我使眼色，我装着没看见。我姐也很配合，她一会儿进屋来，一会儿又出去，唤鸡打狗的，声音弄得倍儿响。那几个人大概看出一点苗头，终于坐不住了，起身告辞，约定日子我家去回访。

他们走后，我爸问："你们说，这人怎样？"

我妈说："我看还马马虎。"

我爷爷不吱声，我奶奶说："你就剩这一个妹子了，你们看着办吧。”

我和我姐投反对票，我们说：“他是个斜眼，我小娘娘怎么能嫁个斜眼？以后生个小孩也肯定是个斜眼。”

我小娘娘伏在床上哭，哭得嘤嘤的，她说：“我不嫁人，我死也不嫁人。”我跑过去，告诉她：“小娘娘，我帮你赶走他们了，这个人，你是不要嫁的啦。”

事后，我被我妈痛骂一顿，我亦是不在乎的。我爸也不大满意那个人，这桩亲事，最后黄了。

媒人接二连三来。

我小娘娘被我奶奶逼着，去相了两回亲。回来，痛哭。

其中，有一个小伙子，我照见过一面，长相不错，白净斯文。家里人也都觉得好，我小娘娘却不同意。我妈急得指搡骂槐。我奶奶也生了大气，絮絮叨叨数落她。我爸也失了耐心，问她：“你这满箩挑花，挑得眼花，到底想挑个什么样的？你也就这条件，别挑花的挑绿的，挑到最后挑个没皮的。”我小娘娘四面楚歌。

那天的记事本上，我小娘娘写下这样一段话：

愿得一心人，白头不相离。可是，我的一心人却不知道我在苦苦地等着他。孙么民，你听到我的呼唤了吗？你怎么还不带我走！

我看着，只能心痛地干着急，却无计可施。

也在路上看到孙么民，他放蜂归来，牛仔裤，长头发，吹着口哨，一副桀骜不驯的样子。他与我小娘娘相遇了，也只是客气地点点头，各走各的路。我小娘娘埋在心底的思与恋，他是一点也不知道。

也就这么稀里糊涂地混过一个冬天去。春天来了，孙么民带了一个姑娘回村，是他在放蜂的路上谈的对象。姑娘长得俏模俏样的，村里人见着，都啧啧称叹，开玩笑说："别看孙么民吊儿郎当的，骗女将却是一把好手。"

我小娘娘躲到河边哭了一场。斜阳低垂，柳絮飘飞如雪，她瘦弱的样子，远远看过去，像一片飘着的絮，无依无靠。

再有媒人来说亲，我小娘娘一见媒人，还没等他说话，就点头说同意。她是灰了心的，怎么着都是一样。

这回说的是我们本生产队的，一个小瓦匠，在红旗河对岸住。人长得不好看，但老实本分，知根知底的。那天，我听见媒人在我家厨房里，分析这桩亲事的好处，很像三国里的诸葛孔明，摇把鹅毛扇，指点天下。在座的有我爷爷我奶奶，我爸我妈。媒人分析了三点：

第一，小瓦匠兄弟两个，他叔叔也在我们四队，一旦结了婚，他们便都是你们家的人，你们的势力就大了去了。谁还敢欺负你们？想要做个什么事，还不是一呼百应的？

第二，荒田里饿不死手艺人。嫁个瓦匠，往后有看不见的好处。你们家要砌个灶台，盖个羊圈猪圈的，要修房建房的，哪还用得着请别人？

第三，嫁得近比嫁得远好。嫁得近互相有个照应。特别是四爹四奶奶年纪大了，有个姑娘在身边，常来跑跑，是再好不过的。你们这做哥的做嫂子的，也会减轻点负担。

我爷爷我奶奶点头。我妈点头。我爸点头。

我爸最后说："好吧，她再也没什么可挑的了。"

我小娘娘的亲事，就这么一锤定音。

我小娘娘出嫁，是在腊月里。

因为住得近，我小姑爸没用车子来接，他领着她，步行回家。

我小娘娘穿上大红袄，看不出欢喜，也看不出不欢喜。临出门前，我姐拥抱了一下她。我也上前拥抱了一下。肩膀上突然潮了，她的泪，掉在上面。

家里人都站在门口送。我奶奶叮嘱她："路上不兴回头的。"我爸放了一挂鞭炮。我和我姐再去看时，她和小姑爸，已走远。

我姐想到这以后，她落了单了，很有些伤心。我姐对我说："投胎做女的真没意思。"

我没吱声，心里有说不出的冷清和惆怅。

天色还早，我却再无睡意。我在想，小娘娘的记事本，去了哪里了。我到我奶奶的针线箩里去翻，没翻着。

一年后，我小娘娘生下一子，小名“祎祎”，喻美好的意思。

吾乡有风俗，喜得贵子，是要染红蛋煮糖粥送人的。我小姑爸兴奋得染了一大缸的红蛋，煮了几大锅糖粥，挨家挨户分送。

他和我小娘娘的婚姻，四平八稳地过下来。没有花前月下，没有海誓山盟，有的是你耕田来我织布，你挑水来我浇园，把俗世的小日子，过得扎扎实实。

我小娘娘曾暗恋过的那个人，后来的境况并不好，结婚了，离婚了。再结婚，再离婚。几番折腾，落魄得不成样子。

这世上，究竟谁是谁的一心人？你为之千转万回的，未必就是。所以，放下，只管朝前走，或许，他就在下一个路口等着你。

谁为她唱一曲骊歌

我奶奶有兄妹五人，三个姊姊，一个哥哥。

我奶奶的大姊我没见过。听说十六岁那年，腰上害上缠腰火丹，不治而亡。

我奶奶的三姊貌相端庄，性格柔软，只生一子，很是出息，是上个世纪六十年代的清华毕业生，后在省城安了家，她一直和儿子生活在一起。因相距太远，与我家往来较少。

我奶奶的哥哥，我照见过好些回，我叫他老舅爹。他骑着车子，远远从我家门前小路那头过来，我奶奶手搭在额头上，朝那里望，嘴里面说："怕是你老舅爹来了吧？"到近前，果真是。

老舅爹个子很高，感觉上，总有一米八以上。他进我家，我觉得那门框太矮了，他不得不低了头。他看见我们小孩，很喜欢，从口袋里摸出糖块来，分给我们。

他与我奶奶有说不完的话。聊着聊着，两个人都叹气。有一次我在旁边听，听半天，方听出一些名堂来。说的是老舅奶奶的厉害，总对他喝声骂齿的，晚上，还不准他吃饭，不准他上床睡觉。儿子和媳妇对他也不好，特别是媳妇，对他从来没有好言语，一家人都嫌他没本事。

我奶奶说些宽慰的话，给他做煎鸡蛋吃。他分给我们一大半，自己只吃一点点，吃完，略坐一会，就又骑车回去了。

最后一次见他，是在一个夏天的傍晚。他远远骑着车子来了，身上落着一大片艳红，我看着他，觉得有些奇怪，仿佛他是从晚霞里突然冒出来的一个人。我奶奶在烧晚饭，我还是第一时间通报了，我说："老舅爹来了。"

我奶奶也觉得奇怪，嘴里嘀咕道："都这么晚了。"随即掸掸衣裳，站起身来去迎。

老舅爹在我家门口停好车，对我笑笑，伸手摸摸我的头，样子很温和。

他与我奶奶坐在厨房里说话，东一句西一句的，也没什么要紧的事。我奶奶又给他做煎鸡蛋吃，一边问他最近过得好不好。他说，好。煎鸡蛋他挑了一大块给我，我摇头说不吃。他没有再坚持，把一碗煎鸡蛋都吃了。

也就起身要走。我奶奶挽留："住一宿吧，都这么晚了。"他说："不了，我走了。"我奶奶送他到门口，叫他路上小心点，目送他走。他骑上车，骑了没两步，又下车，回头对我奶奶笑着说："小妹子，我走了啊。"黛色四涌，他很快没进一片暮色里，与暮色混为一体。

次日凌晨，家里突然人声沸腾，灯火明亮，我从梦中醒来，听见我爸我妈慌张着急的声音：“怎么就吊死了？”我奶奶的哭声夹杂在其中，我奶奶说：“他昨天还来看过我的。”

原来是老舅爹的儿子连夜来报丧，说是老舅爹晚上上吊死了。

老舅爹是早就做好死的打算的。死之前，他把所有的亲戚家都走了一遍，最后来看的，是我奶奶。

这个老舅爹的死，让我有一段时间很是莫名所以，又神思恍惚着。我有时在家门口玩着玩着，总觉得他从小路的那头，骑着车过来了。

我跟我奶奶走亲戚，去得最多的一家，是我二姨奶奶家，也就是我奶奶的二姊。

我奶奶过继给大大，过锦衣玉食的生活去了。娘家却家道衰落，是她这个二姊在打理支撑着全家生计。

能干的二姨奶奶成年后，嫁了个教书先生，婚后却未曾生育，民间称这样的人为绝后代。

也曾抱养过一个姑娘，都养到十来岁了，那姑娘受不了二姨奶奶的坏脾气，跑回老家去了。

那之后，二姨奶奶想过我爸的心思，想我爸做她的儿子。我爸那时也就四五岁，她对我爸是捧在手心里疼着的。我奶奶最终没舍得，我奶奶说：“绝后代的人，脾气都坏，她那个坏脾气，你爸受不下来的。”

二姨爹过世，我略有印象。好几回我跟我奶奶去他们家，都见他躺在床上，说是患了肺病，又或是肿瘤的，不记得了。后来一次去，他就躺在堂屋的地上了。一屋子的人，好多我不认识，这个是他的侄，那个是他的外甥女。他们小声说话，折出的纸元宝，堆了一堆儿。还扎了五颜六色的轿子。我对那轿子兴趣浓厚，围着它转，伸了手去摸，被我奶奶看见，她打了我的手，在我耳边轻斥：“死人的东西不能碰，碰了会沾上晦气的。”

那些纸元宝和纸轿子，很快烧了。家里宾客散尽，二姨奶奶也就成了一个人了。

再去，看见二姨爹的黑白半身照，摆在堂屋的家神柜上。照片上的二姨爹，又年轻又英俊，眼神炯炯。我总忍不住打量他，觉得他也在打量我。

二姨奶奶住的房子，几十年来，都未曾有过变化。

她是独门独户地住着，三间茅草房，坐北朝南。东房里搁一张床，有踏板踩上去。踏板上靠墙的一侧，摆着一只柜子。晚上，她点煤油灯，是放在柜子上的。她抽烟，抽那种水烟，她的铜烟台，也是放在柜子上的。

堂屋和厨房没有隔开。堂屋里除了家神柜外，就一张八仙桌，和几张长凳、几张椅子。吃饭是在这张桌子上。平时她做裁剪也在这张桌子上。堂屋过去，就是厨房，灶台砌在南窗口。炒菜的油烟，会从窗口飘出去。我在门外玩耍，会闻见屋内炸肉丸的味道，香极了。

房前，是块菜园子。二姨奶奶爱干净，菜园子打理得像她梳理的头发，纹丝不乱。里面长萝卜长青菜，总是蓬勃碧绿得厉害。

紧傍着房子东首的，是一条南北大路，整天人来人往的。不少人都对二姨奶奶熟悉，他们会在她家歇歇脚，喊她二奶奶，喝口茶，吸口烟什么的。二姨奶奶也总是笑脸相迎，与他们闲话一些家常，日子倒也不寂寞。

二姨奶奶不养牲畜，鸡也不养，她嫌脏。却养过一只黄猫，黄猫好肥，整天趴在她家的墙头上晒太阳。

黄猫的名字很大众化，和我家以前的小黑猫叫同一个名字，咪咪。我们那儿十家有九家的猫，都叫这个名字。按我们的方言，猫和咪几乎同音。也是为省事，大家都懒得给猫另外想名字，便都叫了咪咪。而“咪”与我的名字“梅”，在方言里叫起来，也是一样的。二姨奶奶便经常拿我开玩笑，她烧了鱼，拿筷子敲着鱼盘子唤：“梅梅，来，吃鱼卡喽。”眼睛笑微微地望向我。黄猫真以为是叫它的，甩着尾巴来了。二姨奶奶就说：“去，哪个是叫你的，我是叫这个梅梅的，我家还有只大猫的。”我也就笑起来。

我是喜欢又惧怕着二姨奶奶的。

我和我奶奶每次去，都要在她家住上好几天。那几天里，她顿顿有鱼有肉地招待我们。吃对那时的我来说，真的是相当雀跃的一件事。

然她的规矩又守得让我放不开手脚，总要小心翼翼的。

那些规矩到底有哪些，我不甚明了，只是被我奶奶再三关照了，说二姨奶奶规矩大。我在脑中就形成定势了，一到她家，就乖巧得像伏在她家墙头上的猫。

她盛饭给我吃，不管盛多少，我都吃下去，哪怕肚子吃撑了。我奶奶说，要全吃掉，二姨奶奶才欢喜。她把菜端上桌，我也总大口大口地吃，表示她做的菜非常好吃。我奶奶说，你把盘子吃干净了，二姨奶奶是顶欢喜的。她的东西，我从不乱翻，尽管我很好奇。我奶奶说，二姨奶奶最不喜欢人翻她的东西，会翻乱了的。我也不敢去泥地里玩，怕弄脏了衣裳。我奶奶说，二姨奶奶顶爱干净，你弄脏了衣裳她会嫌的。我安静地呆着，站在路口看南来北往的人。或者，她和我奶奶在做针线活，我就守在一边，帮着绕绕线穿穿针。没事就盯着她家墙上的画看，一幅上面是红色娘子军，几个红衣姑娘握拳呈跨步姿势。一幅是张日历画，上面是个漂亮的小女孩，歪戴着一顶绒帽子。我很想有那样一顶绒帽子。

冬天，她家的屋檐下也挂着几尺长的冰凌。我没憋住想玩的念头，伸了手，掰下一根来玩，玩湿了袖子。我奶奶轻声喝骂。二姨奶奶却没有骂，她依然待我和颜悦色着，还帮我把衣裳脱了，拿锅堂门口去烘干。

我有些迷糊了，二姨奶奶并不像大人们说的那样坏脾气的。她从未对我疾颜厉色过。我也从未见她对别人疾颜厉色过。

我的叔叔娘娘们，包括我爸，也都对这个二姨奶奶好。

“她一个人，无儿无女的，很可怜的。”我爸说。我妈也说。逢年过节，会着我们去送些礼品，鱼啊肉的，也会买上些糕点。有时是我和我姐送去。有时是我和我小娘娘送去。有时是我和我的堂弟表哥送去。好像每次都有我。大人们都知道，晚辈里，她最疼的是我。

她忙上一桌的菜，招待我们吃。她不吃，在一边抽水烟，心满意足看着我们吃。

也还对我开着开不腻的那个玩笑：“梅梅，来，吃鱼卡喽。”

我就笑。我一笑，她就笑得更开心了。

也问过我一个问题：“长大了还记得这个姨奶奶吗？”

我答：“记得的。”

“还来看我不？”她饶有兴趣看着我，继续问。

我答：“来的，我还要买好多好吃的带给你。”

她就开心地留我住下。我不肯住。单独跟她呆在一起，我还是拘束得厉害。

也就是一转眼的工夫，我长大了，我的天地跟着大了。二姨奶奶的那幢茅草屋，对我来说，已失去吸引力。

我奶奶再去，叫上我，我找着理由推托，不再跟着去了。

我奶奶每次回来，都要转达二姨奶奶带给我的口信。“你二姨奶奶说，她想你了，你什么时候去看看她。她还特地攒了些鸡蛋，留着你去吃。”我奶奶说。

这个时候，二姨奶奶已上了村里的五保。每个月村子里会发点生活费给她，她把钱都攒着，说等着我去，要买好吃的招待我。

我也去过一两回。她似乎早就得知我要去，走上一段路来接。她的衣裳还那么整洁，头发纹丝不乱。她来牵我的手，很依赖地牵着。她的手，有点糙。

桌上已摆上满桌的菜，还有糖果糕点。

我吃到撑住，她还一个劲地劝我吃。她端着水烟台抽，咕噜咕噜的，声音又单调又寂寞。那个时候，已很少有人抽水烟了。我爷爷也有水烟台的，早就被当作荒货给处理了。

我走，她送出去多远，再三要我保证，过一段日子会再来。

我最后一次去她家，是大学毕业后的那年暑假。

她还住在那三间茅草屋里，住成了古董。

她的背已经驼了，发也全花白的了，却依然清爽干净。衣裳上飘着好闻的肥皂味。门口的菜园子收拾得纹丝不乱。家里也收拾得纹丝不乱。

她也还抽水烟。烟丝是二姨爹的外甥托人买的，那外甥也老了，偶尔会来看看她。还有一个娘家侄子，也就是老舅爹的儿子，也偶尔会来看看她。我爸算是去得最勤快的，一年里能去过五六回。她很感激了。

长期的抽水烟，让她咳嗽不断。我对她说："把烟戒了吧，对肺不好。要不，改吸点好的纸烟吧。"

她就打开柜子让我看，里面垒着好些纸烟，都是晚辈们送的。她吸不惯。她说："这是陪了我一辈子的东西，离了它，还真不成。"

她把那个说过无数遍的玩笑话再搬出来说，"梅梅，来，吃鱼卡喽。"她笑得勉强，我也笑得勉强。那些旧时光，一去不复返。

我跟她承诺："等我以后有了家，我就接你去我家住。"她听了，高兴，说："好孝顺的伢儿，有你这话，我死也闭眼睛了。我哪儿也不去的，就在这茅草屋里住。"

我有些心虚，觉得自己说了假话，陪着她笑上一回。

我工作了。我恋爱了。我成家了。我生小孩了。一些年，我忙得完全忘了身外事，二姨奶奶也就被我彻底忽略。

过年时，我回老家拜年。我爸刚从二姨奶奶家回来，说起二姨奶奶的境况，她的一只眼睛看不见了。她走路要撑着拐棒了。村里找了人服侍她，那个女人常欺负她，把她的东西往家里偷。她躺在床上要喝水，那个女人也不给她水喝。

“她惦记你，很想你去看看她的。”我爸说。

我听得心里揪揪的，当即承诺：“你带个信给二姨奶奶，我过两天，肯定去看她。”

过后，我却忙这忙那，似乎总也抽不出空来，就自我安慰，等等吧，再等几天，我就去看她。我爸也催过我好几次，我爸说：“二姨奶奶听说你要去，天天撑着拐棒站在路头上望，还去买了鸡蛋等着你去吃。”

我惭愧不安，恨不得立即就飞过去，可是，我正上着课，我还要去幼儿园接孩子放学。我就又安慰自己，也安慰我爸：“这个星期天，我一定去。”

然我的二姨奶奶，她没等到星期天我去看她，便走了，走在一把火里。

之前，她摔了一跤，摔断了腿，躺在床上不能动。村里安排的服侍她的人，不耐烦她，不好好照应，夜里扔下她一个人，独自回家了。她在夜里吸烟，火星子掉在被子上，被子被点着了。火很快蹿上屋顶，多年的茅草，顿时熊熊。

我爸说，她是有意要把自己烧死的，活着太难捱了。她又那么自尊，不受人脸色，干净了一世，岂能容许自己邋里邋遢受人摆布？

我认同这说法。难过愧疚之余，又隐约有欣慰，这样的结局，对我二姨奶奶来说，或许真的是最好的。不留一丝痕迹，化作烟尘，消融于茫茫浩渺之中，成就了她的永恒。

第四辑

少年事

一个人走再多的路，遇再多的人，能够记住的，也就那么几个。也没什么特别的，就是那样一个人，她在那里，平平淡淡的，却温暖着你的记忆。

我想长发飘飘

读过一首出处不详的诗：

长发为君留。散发待君束。
白绫细衫轻，犹羞动晓镜。
挑帘下花径，花径深且幽。
低头思故人，径深斗草处。
曾经双双影，如今花满楼。
当年相思闲，未尝闻折柳。
偶听箫声咽，长使泪沾巾。
清风飘罗裙，玉阶寒露生。
搅发自嗟叹，长发为君留。

诗中女孩长发飘飘，却等不来为她束发的人。时间无涯的荒野里，她就那样一唱三叹着，山高水长，天涯杳杳，真真叫人愁肠百结。

每个女孩，天生都有长发情结，但未必就是为君而留。人世的最初，其实只为悦己。

如我。

也就七八岁的年纪。再大些，也不过十一二岁，我那么渴望能有一头长发。村子里的大姑娘，基本上都留着长发，辫一根或两根辫子，垂在脑后，或挂在胸前。辫子随着她们身体的移动，而律动着，跳舞一般的。我总是着迷地看着她们走路，看着她们干活，觉得她们美好得无人能及。

我也想留长头发，我也想美美的。

我奶奶和我妈是不允许的，她们等不及我的头发稍长些，就抓把剪子，帮我剪了。

她们的理由简单得叫人泪奔，头发短才不用梳。头发短才少生虱子。

那时，小孩是被当做小猫小狗散养着的，能喂你吃饱了穿暖了，就很不容易了。可以一个冬天不帮孩子洗澡，衣裳也是多少天才脱下来洗一。袖口因长期擦鼻涕，都浆成硬邦邦的了。头上生虱子那是太寻常的事，哪个女孩头上没虱子呢！晚上睡觉时，头痒得很，头皮都被抓破了，害疮结疤。女孩子聚在一起，没事就互相帮着捉虱子。虱子撑着圆圆的肚子，躲在头发根子处养尊处优着，拨开头发，它们拼命四下逃散。捉住一只，用指甲轻轻一按，只听见“咯啪”一声，血珠儿染红了指甲。——虱子是个吸血鬼。

一次，正上课呢，我看到前排凤的头上，有虱子明目张胆地在爬，忍不住当场伸手去捉，捉了足足有十二只。老师在前面看着，笑了，课后却勒令凤回去把头发全剃光了。第二天凤来，是顶着光头来的。

我害怕被剃光了头发，回去磨着我奶奶，用药水给我清洗了一次头。

我想留长头发的，夜里做梦都想。

那是个单纯地爱着美的年纪。

我爸是个爱结交朋友的人，到哪儿，都能结交上几个朋友。

他带民工去挖河，与工地附近的住户，打成一片，还认下一个干姐姐。

干姐姐是下放过来的，男人原是老街上剃头店的员工。老街上当时所有的行业，都是国营的。剃头店是国营的。布店是国营的。糕饼店是国营的。饭店是国营的。铁匠铺是国营的。甚至冲开水的老虎灶，也是国营的。

两家常走动起来，像走亲戚一样的。干姐姐大嘴儿，矮墩墩的，说话有点大舌头，她叫我梅时不叫梅，叫迷。她说洗脸不说洗脸，说死脸。我们兄妹几个叫她娘娘。她男人长得又高又壮实，相貌堂堂，待人和气，我们叫他姑爸。

过年时，吾乡家家有请年饭的习俗，也就是家里的亲戚们聚一聚，轮流坐庄，今天到你家，明天到他家。这个娘娘家也请年饭，我们家特派我奶奶做代表，去赴宴。

我奶奶带上了我。出发前，我奶奶把衣裳拾掇得异常干净，头发也是梳了又梳，还抿上了头发油。我奶奶说："不能邋里邋遢到人跟前去，让人家说嘴。"她做人，向来自有她的尊严华贵，这点对我影响极大。

娘娘见到我们，如同至亲，她搬出家里所有好吃的，摆了一桌子。有我没见过的糕点，还有水果糖。他们吃白米饭。吃蒸鸡蛋。吃红烧肉。小院子里长桂花树。屋子里的四壁上，全贴着白纸，屋顶上也贴了，干净得一尘不染。他们穿笔挺的长裤，和飘着肥皂香的棉外套。这与我熟知的乡下人家，极大不同。

我对他们真是又喜欢又向往。

饭吃完，我们回去，娘娘拉着我的手说客气话："迷丫头，以后常来娘娘家玩啊。"我信以为真，拼命点头。回家没多久，我想念他们家的白米饭，又想起娘娘说的让我去玩的话，真的一个人偷偷跑去他们家。路上有河阻拦，河上搭木桥，桥缝有胳膊那么粗，我不敢走，就趴在桥上，爬过去。

到达娘娘家时，他们一家正围桌吃饭，一碗碗的白米饭，像一碗碗的小珍珠。娘娘看见我，停箸，十分惊异，问："迷丫头，你怎么来了？你一个人吗？"我站着没动，也没说话，是有点失望了，原来，她并没有想我来的。

倒是姑爸善解人意，赶紧站起身，招呼我，给我添上一碗饭，抱我坐膝上吃，还给我舀了一勺蒸鸡蛋。姑爸夸我："梅真有本事，一个人就能摸到我们家了。"那顿饭吃得真香。吃完，我要回家，娘娘也不挽留，嘱咐我："迷丫头，下次一个人不要来呀。"我点头，不知她话里的深意，只觉得有点难过，我是再吃不到白米饭的了。

那天回去，我迷了路，一个人在路上哭，一好心妇人把我送回家。我刚走到我们村的小商店那儿，戴木匠的女人在那儿买东西，一见着我，她抚掌笑了，说："还说志煜家的二丫头淹河里了，这不是吗？"

原来，我的突然失踪，家里人到吃午饭时才知道。他们村前村后寻了一遍，没寻着，就误以为我掉哪条河里去了，着人把家门口的水塘打捞一遍，没见着。他们竟也不十分着急，该干吗干吗去了。

我问过我妈："假如我后来还没回家，你们是不是就不找了？"

我妈羞愧，我妈说："活计那么多，哪顾得上。你如果真淹河里了，也是没办法的事。但你不会淹河里的，你一个人拉渡船，河南边拉到河北边的，也没见掉下去过。"

我还想问："若是我在路上被人拐跑了呢？"我随即被这个念头逗乐了。哪里会！想想那时，真叫天下太平的，谁会去拐跑一个小孩呢？拐去也没办法养活的，自家的嘴都管不上了，哪会再添一张嘴。路上也就不时见到迷路的小孩在晃悠，最后也都能安全到家。

不几年，落实政策，娘娘一家回到老街上。在一条老巷子里住，一间黛瓦粉墙的老房子，被隔成两间，里面放床，外面放锅灶桌椅。

姑爸回到街上的剃头店上班。他们两个儿子回到学校上学，当时都读高中了。

我爸带我去过一回。狭小的空间，转身也难。我独自跑去老街上玩，走过姑爸的剃头店，看见姑爸拢着手，站在店门口望街，脸上有愁容。我想起几年前在他家吃的那顿白米饭，突然的有些害羞，赶忙闪到一边去了。

娘娘到我家的频率，却多起来。每隔一些日子，他们必来我家，姑爸背来他的一套理发工具。他们一来，家里大小人等，统统要剃一次头。

我渴望的长头发，在姑爸的剃头刀下，一次次变成泡影。

我心里对他们有了不喜。他们再来，我远远瞅见，就忙着躲起来。我要护住我的头发，我想长发飘飘。

那一次，我趴在屋旁渠沟的几棵野葵花下，野葵花密密的，刚好遮住我的身子。我奶奶梅啊梅的叫，到处寻我，寻不着。我妈又四处找我，我看着她的脚，从我身边移过去，她嘀咕着："这小丫头跑哪儿疯去了？也不知道回家来剃头。"

是我姐找到我的。我姐拨开野葵花，一下子欢呼起来：

“我找到啦！”我两只眼睛瞪着她，闪闪发亮。我姐多年后还把这当作笑话说，说我趴在那里，像只猫。

那天，我被我妈捉回家，我妈不顾我的反抗，把我强行按到凳子上。我的长头发的美梦，又一次被理发刀，剪得粉碎。

我有些气急败坏，对着娘娘他们大叫：“谁要你们到我家来的！谁要你们剪头发！”我妈顺手给了我一巴掌。她欲再打我时，被娘娘拉住了，娘娘笑得尴尬，说：“迷丫头不欢迎娘娘来呢，娘娘以后不来了。”

我奶奶赶忙打招呼，说细伢儿说的话，不当真的。那天走时，娘娘不肯要我家送的东西——玉米面、各色蔬菜，还有一小袋的红豆。但最后，她还是收下了。

事后，我奶奶跟我讲道理，说：“打人不打脸，你这伢儿不懂事。他们住在街上，什么都要拿钱买，吃一根葱都要买。我们家里这些土肴是不稀奇的，给人家一些，人家吃下去，比我们自己吃下去要好。下次他们来给你剃头，你不要再跑了。”

这番话，我听不大明白，土肴与我的头发有什么关系！我伤心着我的头发，我的长头发呀！

娘娘有一段时间没来我家。我妈哂笑，说：“她不好意思来了。”

我奶奶就着我爸去请，请的理由是，家里人的头发都长长了。

他们就又来了，背着他们一套理发工具。

那天，我家整的菜肴比过年还丰盛。我爷爷还特地宰了一只下蛋的鸡。

我也没再逃跑，老老实实坐在凳子上，让姑爸给把头发剪得短短的。我看着围兜上落着那么多的黑发，地上也是，像凋落的花瓣。我心里在哭，实在难过。

娘娘看上去很高兴。她踏进我家的菜园子，兴致勃勃。看见青菜，拔一些。看见葱，拔一些。看见萝卜，拔一些。看见大蒜，拔一些。我们家的粮缸里，存粮本就不多，我奶奶还是匀出一部分，给了他们。另备了些黄豆、蚕豆。我们家没舍得吃的腊肠，我奶奶也给塞到他们的包里面去了。

这种状况，一直持续到我小学毕业。

那之后，娘娘的儿子招工进了城里的厂，娘娘和姑爸跟着儿子进了城，距离遥远，两家渐渐断了往来。我的头发，这才渐渐留长了。

一些年后，娘娘的大儿子突然带着大包礼物，登上我家的门，来看望我奶奶。说是娘娘让来的。那些年，承蒙我家时常接济，他们家才度过困难。

娘娘中风在床，衣食无忧，她整天想得最多的，竟是那些年她和姑爸来我家的情形。当时，她逢着老娘瘫痪，兄弟病亡，兄弟的两个孩子，全投奔了她。计划供应的粮不够吃，她又没有工作，全凭姑爸一个人的工资养全家。她也是没办法，才时时光顾我家的，想弄点蔬菜粗粮回去贴补贴补。又不好意思白要，好在姑爸有剃头的手艺，她就让姑爸给我们全家免费剃头，她也才能无愧地收下我奶奶给予的馈赠。

也是到这时，我方才明白我奶奶当年说的那一番话。真正的善良，原是无形的，不给人压力。我们全家之所以装做理所当然坐在凳子上，让姑爸给免费剃头，原只是要他们在接受馈赠时，能显得心安理得。

跳舞多好

上个世纪八十年代初，乡下的娱乐还很有限，没有电视，收音机都很少。我爸去老街上办事，搬回一台收音机，花了三十块钱，那顶上我家大半年的收入了。这大手笔也只有我爸做得出来，他是文艺控一个。他买来收音机，是要听歌，是要听评书的。

我妈没有心疼这个钱。她虽很有点脾气，对我爸这个知识人，她还是心怀敬重的。她围着收音机转，奇怪着，这方小盒子里，怎么会有声音传出来的？人怎么会藏到这里头的？

夏日，一场大雨后，空气中染满槐花香。我和我姐，踩着雨水放学归来，远远就有清亮的歌声，夹染着浓郁的槐花香，扑了过来。是我爸在调试收音机，聚了一屋子的人。大家都觉得神奇，世上还有这样的好东西。我奶奶把它奉为神，恨不得为它焚香。起初我们去碰，她不让，“不能随便瞎碰的。”她一脸虔诚。

这台收音机，我和我姐争抢。我喜欢听越剧和黄梅戏。我姐喜欢听小说，那时播的好像是王刚说的《夜幕下的哈尔滨》。我爷爷也来抢，他要听《岳飞传》。

从这台收音机里，吾村人喜欢上一个人，那个人叫刘兰芳。连我妈也知道她。吃饭的时候，我妈突然说："刘兰芳有没有回家吃饭啊，那姑娘整天说个不停的，够累的。"我妈这话好幼稚好可爱，我们都笑了。我爸说："那声音是事先录制好的。"我妈眨巴着眼，还是弄不懂。

每日傍晚，刘兰芳抑扬顿挫的评书开始，我家门口的场地上，男女老少都来了，排排坐，专心致志听《岳飞传》，一直听到"欲知后事如何，请听下回分解"。众人依依不舍，意犹未尽，怎么这就算完了？

真是吊人胃口。

马戏团来村子里表演，也是盛事一桩的。

那会儿，吾村除了偶尔的露天电影，还有做会时的唱道情，过年时的文艺演出，就数马戏团最让我们期盼了。娱乐也就这么多，却一个顶一个热闹有趣。人人都投以最饱满的热情，乐，是单纯的乐，朴素的乐，全心全意的乐。不见华丽铺张，却自有它的喜悦安康。

马戏团很快在队里晒场上安营扎寨，搭了帐篷住，几十口人住在一起。说是马戏团，马其实并不多，也就一匹两匹的，拴在帐篷外。有孩子拔了一把青草去喂它们，它们爱搭理不搭理的，骄傲得很。帐篷外面，牵上了长长的晾衣绳，挂了一绳的花花绿绿，轻软飘逸。那一个世界看上去，仿佛是顺水飘来的仙岛。

马戏团在吾村一逗留，就是四五天，天天下午有演出。周围村子的人，也都赶过来看。学校也组织学生包场。午后，路上络绎不绝的，全是人，喧喧嚷嚷着，五颜六色着，兴兴的，都是活着的趣味。

马戏团里，总有几个耍杂技的女孩，水绿的衫，水粉的裤子。或者，水粉的衫，水绿的裤子。她们跟我的年纪相差无几，脸上打着胭脂水粉，面容姣好。她们在钢丝上腾挪扭转，把身体盛放成花朵。如水中浮莲。又似牡丹朝阳，一朵两朵三朵地开。清风明朗的天，真正叫人欢喜。

众人拼命鼓掌，拍得手都红了。有人感叹着，这些小丫头真是不简单。我奶奶怜惜她们，说："这些伢儿呀，怕是骨头都练软了。"

我那时会翻筋头，会倒立，小胳膊小腿也灵活得很。我能从我们四队晒场，一路翻着筋头翻到家门口。看着她们，我动了小心思，我也要把骨头练软。我也要穿水粉的衫，水粉的裤，像花朵一样在钢丝上盛放。

可是，我不知道怎么样才能进马戏团。

我为这事苦恼。

我缠磨着我爸，打听马戏团的事。我爸说："这些都是穷人家的孩子，家里养不活了，从小被送进马戏团去。这些孩子，早上天不亮就要起来练功，练不好要挨师傅的打。台上十分钟，台下十年功的，他们不知吃了多少鞭子的。”

我仍坚持着，我要去马戏团。

大人们都取笑我，说我是入了魔了，没人拿我的话当真。

我独自跑过去找马戏团的人。

是曲终人尽散，晒场上残留着一地的瓜子壳子。马戏团的人在收拾道具，帐篷门口的大锅里，熬着一大锅稀饭。里面有女孩子突然掀帘出来，挂一脸泪痕。后面有声音在追着骂："叫你顶缸，你练多长时间了，怎么还学不会！跟头笨猪似的，你今天晚上觉不要睡了，什么时候把缸顶起来，什么时候睡觉！"

那女孩子看我一眼，转到帐篷后面去了。

一瘦瘦的男人，跟着走出来，长得尖嘴猴腮的，一脸的怒气冲冲，与台上的轻舞飞扬，有着极大的不同。我被吓住，只呆呆站着，一句话也说不出，一句话也不敢问。

有人在叫："开饭啦！"一把大勺子在锅里搅。里面的人陆续出来了，一人手里拿一只瓷钵子，排着队，等着打稀饭。

女孩子都卸了妆，顶着一张黄瘦的小脸，漠然着。那些艳丽娇柔呢，那些水粉青嫩呢，都去了哪里了？我失望极了，扭头就跑，跑得上气不接下气。

我再不曾提过要进马戏团的事。后来的马戏，我亦很少看了。

一入冬，村里就有专人操办，过年文艺演出的事。

舞蹈类的节目，是要提前排练的。

负责排练舞蹈的，是我同学姚小桃的嫂子，她有一副尖尖的亮嗓子。

跳舞的都是二十岁上下的姑娘，相貌看上去都差不多，红红的苹果脸，黑黑的长辫子。她们在村部会堂里排练，手上有时执两把绢纸糊的纸扇，有时举一把绢纸叠的花，随着音乐，翩翩起舞。“一二三，抬手。”“一二三，转身。”“踏踏，抬抬。”姚小桃的嫂子不停地指挥着，她也舞两把纸扇，也举一把绢花。

我跟姚小桃一起去观看，只觉眼前桃红柳绿，恍若神仙妃子。心里羡慕得不行，跳舞多好啊，我想跳舞。

姚小桃是个热心热情的小姑娘，比我大一岁，个子比我要高一头。短发，瓜子脸，小眼睛，喜欢笑，整天咧着一张嘴。我奶奶见着，夸：“这小丫头真喜容。”

她家住在五队，和我家相隔三四里远。我也不知我俩怎么就好上了，一有空就粘在一起。有一段时间，她上学，喜欢拐了那么远的路，到我家喊我一起去。她嫂子送她一个发箍，桃红的，她戴在头上，真漂亮。我借了戴，舍不得拿下来了。她很大方地说：“借你戴吧，借你一个星期。”我就戴了一个星期，觉得自己日日美得像花朵。一个星期后，还她，她竟又大方地说：“再借你一个星期吧。”那发箍后来我到底还没还她，我不记得了。因一个发箍而武装起来的美丽，却永远留在我的记忆里。

姚小桃家的条件不错，她有两个姐姐，一个哥哥。两个姐姐都出嫁了，她是家里最小的，很得宠。她哥新买了一辆自行车，被她偷偷骑到学校。她教我骑。我那时个矮，只比自行车高一点点，根本跨不上去，我就练踏索子。人不用跨上去，只管把两只脚踩着脚踏就行。然车子无法平衡，即便她在后头拖着，还是“扑通”给摔了，车笼头给摔坏了。回家，她嫂子没说什么，她妈却动手打了她。我觉得很对不住她的，她竟嬉笑着说：“没事，我妈打人一点也不疼。”

隔两天，她又把自行车偷偷骑来，教我骑。就这么三教两教的，我竟学会了。那时，能学会骑自行车的小孩，真叫人刮目相看的，不亚于现在学会开货车。我回家宣布：“我会骑车啦。”家里没人信。

我让姚小桃怂恿她嫂子，加上一个小孩跳舞的节目，我和她都去跳。姚小桃爽快地答应了。她回家，在她嫂子面前讨好，又是端茶又是帮打洗脸水的，最终，她嫂子松口了，让我去试跳。

那一夜，我做的梦，全是纸扇翩翩，衣袖曼舞。

为了给她嫂子一个好印象，一放学，姚小桃和我就躲到河边去练习跳舞。姚小桃还偷偷拿来她嫂子的红丝巾，让我当道具，我们自编纱巾舞。“一二三，抬手。”“一二三，转身。”“踏踏，抬抬。”姚小桃学她嫂子的样，指挥我跳。我们在寒风瑟瑟里，冻得鼻水直流，然一想到要上台跳舞，心里就美得冒泡泡。

终于等来试跳。我才试跳了两个动作，她嫂子就摇头说：“不行，你的动作不到位，你的胳膊不够柔软，你不是跳舞的料子。”在她，是想随便找个理由搪塞一下我，她是根本没存心要编排一个孩子的节目的。在我，却自卑羞惭得不得了，是美梦被粉碎的难过，又有被人揪住短处的难堪。

姚小桃帮我“报仇”，她说她跟她嫂子不说话了，好几天都不叫她嫂子啦。她百般安慰我，仿佛是她做了件对不起我的事。

这次事件对我的影响，是我当时根本没想到的，它让我一碰到跳舞，就自卑得不行。上大学时，体育课上，老师教跳舞，女生们的热情高极了，只我一人神情黯淡。我任谁劝，最终也没有跳，虽然心里一千个声音在说，跳吧，跳吧。但我克服不了障碍，那种无形的，打小就烙下的自卑。

我转去别的学校念书，与姚小桃的小友谊，中断了。这一断，就断了二三十年。

再听到她的消息，我都工作若干年了。一天，我爸突然打电话到我，笑着问：“你记得姚小桃吗？是你的小学同学。”我惊喜地脱口道：“记得啊。”我是真的没有忘记。在收看一些跳舞节目，在相遇到一些跳舞场面，我都会不由自主想到她。河边芦苇苍苍，她嘴里打着拍子：“一二三，抬手。”“一二三，转身。”“踏踏，抬抬。”陪着我挨冻。

姚小桃是向我咨询她孩子上学的事的。孩子是进城读书，还是留在乡下读书，她拿不定主意。于是找到我爸那儿。

她问我爸索要了我的电话，说改天会给我打的。

我等她的电话，她却一直没打来。

一天，我打电话给我爸，问候家里的情况，聊到最后，我突然想到姚小桃，也就随口问了句：“她怎么没打电话来呀？”我爸“啊”一声，随即长叹一口气，说：“她死了，出的车祸，一家死掉三口，惨啊。”

姚小桃是在送孩子去上学的路上出的事。那天，她老公开的摩托车，她和孩子坐在后面，一家人说说笑笑的。一辆卡车突然迎面撞来，她老公当场死亡。她和孩子身负重伤，被送到医院抢救，挣扎了两天，还是走了。

人生如此无常，除了伤感，还真说不出别的。而我真的情愿，她依然是从前那个十来岁的小丫头，短发，瓜子脸，小眼睛，喜欢笑。

我时不时地会想到她。一个人走再多的路，遇再多的人，能够记住的，也就那么几个。也没什么特别的，就是那样一个人，她在那里，平平淡淡的，却温暖着你的记忆。

想做他家的女儿

我爸说我小时特馋，哪里有好吃的，就奔了哪里去。

好吧，我是吃货一枚，这是从小就定型了的。

只是，小时普通贫穷，能有什么可吃的？无非就是意外吃到一碗白米饭，吃到一点蒸鸡蛋。吃红烧肉那是要看机遇的，除非这家人办大事，诸如过生日啊婚庆请年饭啊。能吃上糖果糕点，更是稀少得很。

我的鼻子很灵，周围哪家有结婚的，都知道。我是闻见喜糖的甜的。吾乡有个老风俗，新人结婚这天，在路上遇见人，不管认识的不认识的，都要发把喜糖讨吉利的。我在路上充当“劫匪”，拦截新人。其实不单单是我，一帮孩子吵吵嚷嚷的，都朝新人伸出小手：“给我喜糖。给我喜糖。”

若当时有人用一块蛋糕或一块面包引诱：“孩子，跟我走吧。”我想，他后面肯定能跟上一大堆。

哪个孩子见过蛋糕和面包呢？没有的。我们吃得最高档的点心，是麻饼和京果。

就有人拿了蛋糕来给我，海绵蛋糕，一袋子里，放着八只。

给我蛋糕的人，是我就读的村小学的老师，姓吕，叫吕士林。他跟我爸也是小学同学，两人关系很好。他并不任教我的科目，平时看见我了，也没什么特别的。那天，我和姚小桃、周纯兰在教室门口跳绳，他站在办公室门口，盯着我们看，突然招手叫我过去。

我跑过去，他牵起我的手，低头看我，然后就笑了，莫名其妙说我是好孩子。他让我放学时再到他办公室来一趟，我点点头，脆脆地答应一声。他便又夸："真是个好孩子。"

放学时，我们排着队，走出校门。一路上，我和姚小桃、周纯兰打打闹闹的。路边的蚕豆开花了。蚕豆开的花像扑闪着的小眼睛，黑白分明着。我们弯下腰去寻蚕豆的小喇叭。这是周纯兰的发现，那是形似于小喇叭的蚕豆叶子，细而小。不是每棵蚕豆上都有的。我们比赛谁寻得多，也不知比赛了干吗，只那么无忧无虑着，单纯地快乐着。

我突然想起吕老师让我去他办公室的事，掉头就往回跑。路上遇到学校的张主任，他叫住我，问我放学了不回去，想做什么。我说吕老师叫我呢。张主任"哦"一声，笑了，很慈祥地说："那，快去吧。"

吕老师在等我。他从抽屉里掏出一袋蛋糕，是我没见过的糕点，他温和地对我说："这叫海绵蛋糕，很好吃的，你带回家吃吧。"

我那个心花怒放和激动啊，我想一定是因为我爸的缘故，他跟我爸关系好，对我自然也好了。

我提着那袋蛋糕，风一般往家里跑去。

晚上吃晚饭时，一家人逗我："吕士林还跟你说了什么话的？有没有要你做他家的姑娘？"又笑话我："拿了人家的手软，吃了人家的嘴软，去吧，去吧，你就去做他家的姑娘吧。"

我竟然想也没想，点头同意。海绵蛋糕多好吃啊，又软和又甜蜜。想想以后可以经常吃到，真是高兴万分的。

瘸奶奶又来找我奶奶谈心。

她一拐一拐地走过来，半个身子向一边倾倒，仿佛随时准备摔下去。她的脸上布满麻子，手臂也伸不直，两只手的手指全是弯曲着的，像打着结的树根似的。说是从前得过麻风病。她竟也能用这样的手，把织网的梭子舞得上下翻飞，让你眼花缭乱。

她是我奶奶的干姊妹，是个寡妇。我奶奶刚迁来荒田垦荒的时候，她一家也刚好迁来，两个人就结成伴了，一起割草，一起抵抗荒凉。我奶奶不会使镰刀，是她手把手教的。我奶奶不忘那份恩情，这些年，对她一直很照顾。

大人们有时谈论时，说寿存寡妇怎样怎样。那是说的她。这么叫也并无恶意，只是喜欢这么直来直去，清水见底的，倒也不存在谁蒙蔽谁。

我们孩子叫她瘸奶奶。她也爽快地应，我们叫得并无不妥，她也应得并无不妥。世道人心，那时真的很简单。

她有三个儿子。据讲，中间还有一个姑娘的，没养活。最小的那个给人抱养了，是吃奶时就抱去的。那是个遗腹子，和我姐一样大。和我姐小学初中都是同学。真实的名字我就不提了吧，他姓何。我就叫他何必吧。

何必对我姐有过意思。有段时间对我和我两个弟弟空前好起来，送我们礼物，用自行车载我们去老街玩。我姐很不乐意，不许我们再要他的东西。他来我家，我姐也没有好脸色给他，碰了几次软钉子后，不来了。路上再看见我们，他一副凶凶的样子，仿佛跟我们有仇——这都是后话了。

这会儿的何必，还是个少年。抱养他的那一家，也是我们村的，离瘸奶奶家隔着不过半里路的距离。夏天，村里集中开大会，全村的人都聚在一个树林子里，孩子们跟着去玩。女人们在纳鞋底，男人们在抽烟，孩子们却坐不住，台上讲的什么也没兴趣听，只管在人缝里追逐打闹。何必跟一个孩子打起来，打输了，他躺在地上撒泼大哭。何必的养父养母怒冲冲地揪住打架的那个孩子，嘴里面骂道："有娘养没娘教的东西，你敢碰我家何必？你不知道我家何必是我们的心肝宝贝，我们都舍不得动他一根手指头的。"

那孩子的父母也在场，不干了，双方争吵起来，都说了些狠话。那家人最后说道："是抱来的野种，还当肉心肝，真是笑死人了！"

我们都吃一惊。也是从这时，才知道何必是抱养的。何必怕是也才知道，对他无比溺爱的爹娘，不过是他的养父养母。他一声不吭，狠狠剜了众人一眼，跑开去了。

秘密从此不成为秘密。最伤心的人是瘸奶奶，这么多年，无数次遇见亲生儿子，她想叫他的名字，想摸摸他，抱抱他，最后还是忍住了。当初抱养的时候，养父养母就跟她定下协议，老死不相往来。瘸奶奶本来想，只要何必得到疼爱，过得幸福，她就一辈子不认也是愿意的。

再遇见，瘸奶奶老远就端出笑脸来，对着何必叫："何必，何必呵。"何必却冲她吐唾沫，骂她老不死的。瘸奶奶很伤心，找我奶奶诉说，她说："我也是十月怀胎生下他的，要不是没办法，我哪舍得把他送人。"我奶奶只能这样安慰她："等他长大了他就懂了。"但真的长大了，何必依然没认瘸奶奶这个亲娘。瘸奶奶后来病死，两个哥哥去请何必这个弟弟到场，何必干脆闭门不见。他心中装着恨，这恨，已把他的心给埋了。

这当口，我见到瘸奶奶，赶紧搬凳子请她坐。我奶奶要我们尊敬她，说她是个可怜人。她一坐下，织网的线还没扯开，就抬头问我奶奶："听说志煜要把二丫头送人？"

你看，这消息传的！就是这么迅速。一个村子就像一户人家，根本没有秘密藏得住。

我奶奶笑了，我奶奶说："瞎说的，都养这么大了，哪舍得送人。"

我在旁边听着，心里面有些纠结，我想吃海绵蛋糕，我也想留在家里。也不知她们又聊了些什么，瘸奶奶突然抹起泪来，抽抽噎噎的，真叫人难过。

半夜里，睡醒，听到我爸我妈在说话。

“吕士林都跟我开过好几回口了，说想要我家的小丫头，做他的姑娘。我以为他是说着玩的，哪晓得他竟当真了，今天还给小丫头蛋糕，明着是要收买小丫头。”我爸的声音。

“他想得倒轻巧，我才不把小丫头送人呢，我一口奶一口奶把她喂大的。”我妈的声音。“要是吕士林的儿子不淹死了，今年也该十岁了吧，我记得他和我家的梅丫头同龄的。

你记不记得，那年生下来，他还跟我开玩笑，说要结娃娃亲的。”我爸说。

我妈轻笑起来：“他后来怎么就没得养了？”

“命中注定该他绝后吧。”我爸叹口气，说：“明天我去找他说说这事。”

我暗暗发一回呆，原来，吕老师是有个儿子的。我爸我妈的声音渐渐没下去，夜静得让人发慌。我脑子里也不知想了些什么，想着想着，又睡着了。

第二天，我去学校，吕老师遇见我，还是很温和地笑。我在教室门口跳绳，他站在办公室门口朝我看。我们做课间操，我一扭头，发现他站在离我几步远的地方，在看我。我心里有些渴望，想让他招手叫我过去，从抽屉里掏出一袋海绵蛋糕来。我已告诉过姚小桃和周纯兰听了，我说我吃了海绵蛋糕的，以后再有，我要分点给她们吃。

他却没再叫我过去。渐渐的，对我也没有什么特别的了。我在教室门口跳绳，他不再站在办公室门口看了。我做课间操，他也不再站在后面观望。我进办公室交作业，看见他，叫一声："吕老师好。"他答应一声，并不抬头，继续做他的事。

我的家人起初还开开我的玩笑，说吕士林要买花布衣裳来接我。但渐渐的，没人提了，我的日子一如既往。

大约半年后，吕老师自行车的车前杠上，却端然坐着一个小姑娘。小姑娘的脸蛋红彤彤的，头上扎着艳粉的蝴蝶结，身上穿着簇新的花布衣衫。吕老师驮着她，从我身旁一径骑过去。我听见吕老师说话的声音，轻轻的。小姑娘的笑声，轻轻的。我呆呆望了许久，有些失落。

那个小姑娘，有个好听的名字，叫吕黛，被插到二年级的班上。学校难得有新鲜事，她的到来，是风乍起，吹皱一池春水。全校的孩子都拥去二年级的教室门口看她，他们热烈讨论着她的蝴蝶结，讨论着她的新花布衣衫。她微低了头，很害羞。我也被姚小桃拖去看，看得心情有些小复杂。

两年后，吕老师意外得一子。孩子满月当天，他大摆宴席，大宴宾客，我爸也去赴了宴的。那时，我已转到戴庄学校念书。

裙子、围巾和窗帘

南京的辉姐到我家来时，穿一袭白底子小红圆点的连衣裙。

我只觉得，眼前霞光一闪，如仙人踩云端。

辉姐是我三姨奶奶的孙女。三姨奶奶跟着儿子进了省城，对老姊妹却是无限思念的，就派了辉姐来看望我奶奶和二姨奶奶。

辉姐的到来，在吾村引起小轰动。吾村人是第一次见到从省城来的人，男女老少围在我家门口看，对辉姐的穿着打扮，对辉姐的举手投足，一律充满好奇。辉姐落落大方对着吾村的乡亲们笑，还抓了糖给小孩吃，赢得好口碑："这城里的女伢儿好，一点也不搭架子。"

我跟前跟后着，一方面是骄傲，辉姐是我家的辉姐。另一方面，我着实羡慕辉姐的裙子，那是我第一次近距离地看到一袭裙子。我跟着，时不时伸手摸摸她的裙子。

我奶奶挖空心思，给做出一桌好菜。小鱼滚了蛋黄和面粉，炸得酥酥的。山芋切成片，里面塞上韭菜粉丝馅，放油锅里煎。还做了芋头羹、葱油饼。我们很少动筷子，都谦让着让辉姐吃。

辉姐只在我家呆了一天，就回去了。她的乡下之行，让我对裙子陷入魔障。

我要穿裙子，我要穿裙子——我日日念着这句话，念得我妈烦不胜烦了。但也终于松了口，她从箱子底，翻出布票来，数出几张。又揭开一方包了千层万层的手绢，数出几张票子，让我姐领我去扯上几尺布，做条裙子去。

我和我姐在供销合作社的柜台前，把所有的布，比较了又比较，最后挑了件绿底子碎花的。回来的路上，我姐对我说："你多好啊，能穿裙子。"我热烈地对我姐说："等我以后长大了，也给你买裙子穿。"我姐黯然。我是没想到，我姐是不能穿裙子的，一辈子也穿不了的。她的一条腿因小时烫伤，已完全变形。

布买回来后，是要送给裁缝去做的。吾村的裁缝，只有一个，是三队岁金家的女将，人喊她刘裁缝，是个瘸子。当年有个奇怪的现象，像鞋匠啊裁缝啊这些人，不是瘫子就是瘸子。吾村的冯鞋匠，就是个瘫子。但他的手却灵巧得很，全村人的鞋，都是他给绱上去的。

刘裁缝带着几个女徒弟，女徒弟的腿，也都是残疾的。她们整天呆在屋子里，面皮儿焐得白白的，像城里人。村里人的衣裳都是她们给做，大家都很尊敬她们。过年时，岁金家挤满了等着拿衣服的人，这个叫刘裁缝，那个叫刘裁缝的，刘裁缝和几个女徒弟忙得饭都顾不上吃一口。

我拿着布，在岁金家门口转，却怕进去。我突然地不好意思起来，因为在吾村，还从来没有一个女孩子穿过裙子，甚至见都很少见过，我算是开了先河。

刘裁缝在屋子里看我好一会儿了，终于忍不住冲我说话："这不是志煜家的二丫头吗？是来做衣裳的吧，那快进来啊。"

我这才走进去，把布摆到裁衣板上。刘裁缝抖开布料子，笑着问我："是做件褂子吧。"我红了脸，低声说："不是，是做条裙子。"

刘裁缝很意外，她盯着布料子犯了难，裙子她没做过啊。她的女徒弟们也都犯了难。后来，她们凑一块儿，叽叽咕咕。有徒弟拿了粉饼在裁衣板上画，这个添一笔，那个减一笔的，画出一条裙子的模样，说："不就是两片儿布缝起来么，好办。"我裙子的样式，就这样给设计出来了。

"一个星期后来拿。"刘裁缝跟我约定。

一个星期的时间，真漫长啊。我总不由自主地跑去刘裁缝家门口，看看裙子好了没。或许她提前给做好了呢。但每次她都说，还没到时间呢小丫头。真失望。我夜里做梦，也都穿着裙子，像朵绿蘑菇似的，在田埂上飞跑，快跑到云端里去了。

终于有一天，我再到刘裁缝家门口去，她冲我招手，说裙子好了，叫我进去拿。

裙子是条半身裙。像现在的筒裙，真的就是两片儿缝了一下，在腰上加上松紧带。长，拖到脚踝。因没开衩，走路很受束缚，只能迈着碎步走。饶是如此，我还是满心欢喜。刘裁缝和她的徒弟们都说好，我也觉得好。

我穿着这样的裙子回家，一路上收获到不少惊异的目光。女孩子们尤其羡慕，她们站定了，冲着我看，我走好远回头，她们还在冲着我看。

我妈看到裙子，笑了："不就是个直筒吗，像裹着个麻袋。"

我不乐意她这样说。我穿着它去我二叔家，有显摆的意思。二叔当时在家开了个修自行车的铺子，家里横七竖八的，躺着几辆自行车。堂弟拖出一辆来，跟我一起出去遛车玩。我当时刚学会骑车，对骑车的热情度高。我一脚跨上去，我可怜的裙子，"哗"的一下，就被卷进车轮的钢丝里去了。同时卷进去的，还有我的脚。

那日，我摔倒在路旁的渠沟里，样子狼狈。脚夹在钢丝里，动弹不得。堂弟回去喊了我二叔来，拿了老虎钳子，敲开钢丝，才把我给救了出来。

我的脚肿了好些日子。我妈一气之下，把我的裙子拿去刘裁缝家，给改成一件衬衫。那件绿底子碎花的衬衫，一直穿到我念初中。

戴庄学校原是地主家的大宅院。

那是真正的江南园林风格建筑。花园凉亭，小桥流水，应有尽有。房子都是黛瓦粉墙的，有廊棚相连。月洞门就有好些个，几进几出，曲径通幽。更有花木扶疏，鸟雀争鸣。

成立了学校后，大宅院的整体风格，基本上被保留了下来。也只是多砌了三五幢连排平房做教室，青砖红瓦，点缀在绿树中，也是好看的。

那个时候，我念初二了。教室在一条南北向小河的左侧。我们去操场，或是去老师办公室，都要过河去。小河上有石拱桥连着，桥墩上雕花，是牡丹或是芍药的，不大看得出来。小河边植有一排垂柳。有棵柳树，呈倾倒姿势，柳枝儿有一大半都挂在桥上。人从小桥那头走过来，柳枝拂肩，那情形，美极了。

我最喜欢看亚芬从桥那头走过来。

亚芬是我同学。她家境不错，父母亲都是小学老师，很有艺术情怀。尤其她父亲，会画画。会织毛线衣。会裁剪衣裳。亚芬和她妹妹的衣裳，都是她父亲亲手给缝制的。她父亲还讲究衣着的搭配，舍得在这方面打扮他的两个女儿。亚芬的穿着，就非一般的乡下孩子可比了。

话说那天，亚芬来学校上学，她的脖子上，多了条玫红长围巾。她从石桥的那一头走过来，柳枝轻拂，红围巾跳跃，映着她的粉嫩白皙，是杜牧诗里的女孩儿：

婢婢袅袅十三余，豆蔻梢头二月初。

那幅画面，定格在我的脑海中，不时回放。然后的然后，我就入了长围巾的魔障了。多想拥有一条长围巾啊。我却不可能有。我还穿打着补丁的衣裳。我的脖子上，顶多围条我妈的格子三角巾。

机缘却突然来了，我小娘娘定亲了。我小姑爸给我小娘娘送来一条围巾，粉色的，像用桃花染成的。

小娘娘那时对爱情已灰了心，对这条漂亮的围巾，她连正眼也没瞧上一眼，就对我说："送给你围吧。"我大喜过望。

我围着这条围巾上学去，眼里的一切，都变得不一样了。天是可爱的，地是可爱的，人是可爱的。样样式式，都变得清丽华美。围巾太长，老往下挂，我不得不时时动手把它往上甩。这也是亚芬常做的动作，她轻甩围巾，那样子真美。我也这么甩着，觉得自己的美。

后面走着几个高年级的男生，我更频繁地甩围巾，也只是想引起他们的关注和赞美。我就听到一个男生跟另一个男生说："前面的那个小女生真妖。"妖是骂人的话，再没比这一句更狠了。我当即心往下沉，只觉得脖子上的围巾，变得火一样的烫人。几个男生都哄笑起来，一齐说着妖啊妖的，从我旁边走过去。我再没有勇气把那条围巾围在脖子上了。

我把围巾还给了小娘娘。晚上临睡前，我妈责备我："那是人家送她的定亲礼，你围了做什么。"我什么也没回，眼睛潮潮的，想哭，又想不出哭的理由。

也是这一年，我遇到一位刚从师范学院毕业的语文老师。这老师年轻自不必说，人又长得帅气，还说得一口流利的普通话，很得学生们热爱。

老师推荐我们读课外书。也是从他那里，我才知道《红楼梦》、《水浒传》等名著。他用班费给我们买下一套《红楼梦》的连环画。我看了不过瘾，他又借书给我看。我痴迷地读着，几乎把自己读成红楼中的女孩子了。

书中第四十回，有个场景，我反复阅读，沉溺其中。只因为，它里面提到“软烟罗”。单单这个名字，就叫人浮想联翩了。它的颜色又各各艳丽着，一样雨过天晴，一样秋香色，一样松绿的，一样银红的。那银红的，贾母命人给黛玉做窗纱。

我不知道，若是拿这样的软烟罗，给我家的窗子糊上，人睡在里面，会是什么样的好滋味。

我家的窗，从来不糊窗纱的。窗帘也没有。冬天冷了，只拿一把稻草塞塞完事。其他的月份，也只用塑料纸蒙着。风一吹，哗啦啦作响。有同学不经我允许，跑去我家找我，我生气得很，又是羞耻的。我羞耻着让他望见了我家的贫寒，窗子竟是用稻草塞着的。

去老街上，我最流连的，是那些有着粉色窗帘的窗。清晨，穿着碎花睡衣的小街女子，蓬松着头，从有着那样窗帘的房子里走出来，去上公共厕所，我亦是觉得美好的。因有了那一挂窗帘，她们做的梦，也该是轻逸的。一个女孩子的期盼，从来不是很多的，裙子、围巾和窗帘，那会儿，就是她全部的美丽。

我软磨硬泡着我奶奶，给我们的房间挂上一幅窗帘吧。我奶奶想起来，当年新房上梁时，有用剩下的红绿布，红布给我做了件褂子，绿布一直收着。她翻箱倒柜把绿布给找出来，用几股棉线穿住一边，也就给我挂上了。

晚上躺在床上，我望着这幅绿窗帘，迟迟不肯睡。看灯光在它身上描出橘色的影子，它真是又神秘又高雅。

再去学校，我有了足够的资本邀请我的同学去我家玩。我说："就是有绿色窗帘的那一家啊。"

一些年后，我读袁宏道的《横塘渡》：

横塘渡，临水步。
郎西来，妾东去。
妾非倡家女，红楼大姓妇。
吹花误唾郎，感郎千金顾。
妾家住虹桥，朱门十字路。
认取辛夷花，莫过杨梅树。

我读着读着，就笑起来。诗里的女孩子实在是俏皮有趣的，还兼着有些显摆。红楼大姓妇——那是很有点钱的呀。门口栽的花树也极显地位，是芳香优雅的紫玉兰。她约人去找她，把她的骄傲给端出来，她说，我家就是门口栽着紫玉兰的那一家啊，你不要走错呀。

寻常岁月，就这样旖旎生动起来。

少年事

紧靠着戴庄学校的，是用围墙圈起来的苗圃，足有五六十亩地，里面有房屋一幢幢，是苗圃的职工们住的。那些职工和当地农民有很大区别，他们是城镇户口，拿工资，吃供应粮，用炭炉子烧饭吃。

谢的家，就住在苗圃里面。

谢是个羞涩的小男生，瘦长脸，白净，五官生得小巧，喜欢脸红，有些像女孩子。我不知怎么跟谢走得很近了。苗圃里新近有什么花开，谢都跑来告诉我。我和另两个女生，就跟着谢过去看。我在那里认识了很多花，像月季，紫薇，虞美人，蔷薇，山茶花，等等。谢还帮我偷拔过两棵月季，手上被扎上刺，我拿大头针挑了半天，才给挑出来了。那两棵月季，一棵开艳黄的花，一棵开水粉的花，我带回去，我爷爷给栽在家门口，一开就是几十年。

这年桃花开了，谢中午来上学，神秘兮兮地告诉我："苗圃里来了个照相的。"那年代，照相是件稀罕的事。偶尔的，老街上照相馆的师傅，背着照相器材下乡来，家家户户闻知，都要盛妆出门。

我当下心痒，怂恿了几个女生，跟谢翘了课去照相。谢把他妈系的红丝巾偷出来，给我们做道具用。一条红丝巾从这个手里，转到那个手里，我们站在一树的桃花前，笑，笑得山花烂漫。

那天回到学校，班主任站在讲台前，冲我们发了很大的火，把他头上的帽子一摔多远。放学时，我们被留下来写检查。我们一点也不难过，边写边互相偷笑，心里想着桃花和红丝巾，不知道有多美的。

照片拿到手，却有点意外，一树的桃花，只成了一抹灰白的斑点。红丝巾也是，只是一抹飘过的淡淡的影子。唯我们的笑脸很灿烂，成了黑白中的明艳。

徐、刘、仲、夏，是我们班的四大金刚。

这四个人，出入都在一起，好像穿着连体裤。

那时盛行成立帮派，都是一帮社会小青年，才从禁锢中解放出来，胳膊腿的舒展得没地方搁了，就思量着寻些什么事儿，来打发旺盛的精力。他们成立了什么蝴蝶帮青龙帮的，搞得很江湖。徐、刘、仲、夏这四个少年，也跟着模仿，自立山头，称四大金刚。

四大金刚三天冒九被老师找去训话。他们又打架了。他们又损坏公物了。他们又逃课了。他们又不交作业了。——他们摊上的事儿，总是很多。有时，有些坏事未必就是他们干的，但也被栽赃到他们头上。他们不辩解，嬉皮笑脸着，不把老师的训话放心上。

也没见过他们有多恶。但恶名在外，这是没办法的事，大家远远看见他们来了，都避开去。躲瘟神一样的。

那时，学校的宿舍紧张，教室里也给安排了床位，上下铺，两张架子床，靠教室后墙放。四大金刚离家远，住宿，就睡在这样的架子床上。文静的小男生谢，常被人欺负，四大金刚出面帮他摆平，谢也就跟他们慢慢走近了，像条小尾巴似的。我跟谢的关系不错，自然的，他们也跟我混熟了，对我一向客客气气。

那天放学，谢悄悄跟我耳语，说："晚上我们在教室里吃烧烤，你要不要参加？"

烧烤？这个我不陌生，我从小就烤过玉米烤过土豆烤过山芋烤过蚕豆啥的，只是在教室里，就我们几个少年一起吃，这还是第一次，很新颖很刺激。我动心了。

放学后，我留了下来，跟着谢去苗圃，在里面游荡，单等着天黑下来。四大金刚趁这个机会准备食材，到人家地里拔了些蔬菜，还到人家鸡窝里偷了几只鸡蛋。本想抓一只鸡的，但不会宰杀，作罢。谢潜回家里偷出一瓶白酒，还用报纸包来两条小熏鱼，天也就黑下来了。

四大金刚不知从哪里弄来一盏酒精灯，火太小，烤的蔬菜，都是半生不熟的。四大金刚又去捡来柴禾，在教室的空地上点燃，我们围着一小堆火，无盐无油的食物，竟也是那么的香。我们一人喝一口酒，呛得不行，小脸却兴奋得红彤彤的。

第二天，此事被整个学校知道了。原因出在那浓烈的烧烤味道上，教室里的灰烬虽被清扫干净，可烟火气息却久久不散。这还得了，校长都出动了。我爸被叫到学校来，把我好一顿教育。我爸跟校长是小学同学，看在这一层关系上，我是作为失足少年被挽救的。谢的父母是苗圃职工，也是有面子的，谢的处罚，也给免了。四大金刚就没这么幸运了，他们背上处分，在全校师生大会上作检查，差点被开除。

我后来没再跟四大金刚有过交集，我做着好学生。他们也不来招惹我，遇见了，也只是深深地看我一眼。

四大金刚到底没挨到毕业，后来他们又犯了什么事，被学校勒令退学了。若干年后，他们中的一人为孩子上学读书的事，找到我。他说他是夏，当年四大金刚中的夏。他站在我跟前，搓着手，很羞赧，与当年的桀骜不驯判若两人。问起其他几个人，他告诉我，都混得不错。一个混成了包工头。一个混成了房地产老总。一个竟创办了一家私立幼儿园，办起教育来。我问："那你呢？"他搓着手嘿嘿嘿地笑，最后说："一般，一般，我办了家小厂子，手下才几百个员工。"

少年时代，总要遇到这样几个"不良"少年，他们不爱学习，调皮捣蛋却数第一。他们歪戴着帽子，衣衫不扣扣子，浑身像长满角，喜欢挑战，好打抱不平。他们蔑视规章和制度，学着抽烟、喝酒，他们其实只是等不及长大，想用这一些，来扮演成熟。

初三时，班里转来一个女生，叫蕾。父亲是在徐州煤矿做事的，她原是跟父亲在徐州读书，算是见过世面的人。

蕾的打扮很洋气，头发微微卷着，扎了两只小辫子，辫梢上缠着粉色的蝴蝶结。蕾的人长得圆润，莹白。年轻的语文老师，把她打量了又打量，那眼神里，是对美的欣赏。他把她安排在教室第一排，我们看向黑板的时候，目光总要在她的身上，落了又落。

我当时跟一个叫贞的女生同桌，贞是班长，我是学习班委，我和贞的关系一直不错。蕾不知从什么时候起，加入到我们中间来，我们成了形影不离的三个人。一天，三个女生想学古人义结金兰，拜天拜地好像都行不通，我们一合计，去老街上的照相馆拍张合影吧。

也就去了。借了自行车，一人一辆骑着。一路骑，一路说着傻话，诸如我们要永远这样好下去之类的。是秋天，白日清朗，田园安静。

照相馆提供了一束塑料花，给我们作摆设。我和贞坐着，蕾站在我们身后，一手搁在贞的肩上，一手搁在我的肩上。那束塑料花，被我捧在手上，搁在了我和贞的胸前。照相师傅朝我们竖着一只手，在照相机的黑匣子后，发出信号：“一，二，三，笑。”我们就一齐笑了。

照片取回来，上面三个小女生，都美得跟一团花似的。我们把照片放在文具盒里，被语文老师看见，他拿起照片，细细端详，赞赏道：“拍得真不错。”又问我：“你是怎么化妆的，头发谁给你梳的？很好看的。”

我也只是把两条长辫子卷了起来，他居然用了“化妆”这个词，让我一想起，嘴角就泛起笑意，又幸福又自得。

我的这张照片后来去了哪里，我竟不甚了了。

三个女生却各有各的命运。

我是把书一直读了下去，读到高中，读到大学。出来后，再进校园，一辈子与书为伴。

蕾的成绩一般，前途却不愁，初中毕业后，她就去了徐州，投奔她父亲去了。估计她父亲在煤矿上给找了份工作。

贞的道路就有些曲折坎坷了，在跟我们“义结金兰”后没多久，贞的父亲突然暴病身亡，一个家瞬间倒塌。贞的母亲要贞辍学回家，我们的语文老师惜才，亲自登上贞家的门，去说动贞的母亲，让贞继续留在学校念书。贞的母亲领了五个子女，齐齐跪在语文老师面前，说活不下去了。年轻的语文老师哪见过这阵势，眼圈当即红了，表态，贞以后的学费书费，都由他出。语文老师没有食言，贞后来的学费书费，果真都是他给添上的。我回家说起贞的情况，我爸也极同情，贞中考的考试费用，是由我爸出的。

中考时，贞没考上高中，她去念了一所技校。毕业后，做了一名园艺工，早早嫁了人。

她家的相册里，一直留着我们当年的照片，三个小女生，笑得一团水粉，一束塑料花，搁在胸前。

年轻的语文老师，喜欢带领我们玩一个游戏，那个游戏，叫击鼓传花。

下午上第一课，是最容易让人犯迷糊的，尤其在春暖花开时。瞌睡虫子满身爬，人虽然坐在课堂上，眼皮却在认真地打着架，梦开始神游。语文老师是宽容的，他见我们这样，从不责备，而是很大度地笑了，说：“下面，我们玩击鼓传花吧。”

梦立即被打跑了，一张张小脸兴奋起来。桌子很快被围成一圈，贞跑上讲台去，背对着我们，开始击“鼓”。所谓的鼓，也就是一粉笔擦。贞拿在手上敲讲台，嗒嗒嗒，嗒嗒嗒。花是用手绢代替，或就是一本书，随着“鼓”点，这朵“花”被一个人一个人地传下去。鼓声每敲一段时间，会停下来，这时，“花”落在谁跟前，谁就要表演节目。唱歌，说笑话，跳舞，朗诵，都行。实在不会，学几声狗叫，也行。也可以指派别的同学，代你完成节目。——十四五岁的孩子，最有表演欲了，都想“花”落在自己跟前。

那天，“花”落在一姓万的男生跟前。万同学皮肤黑黑的，脸上却嵌着一对水灵灵的大眼睛。他拿起“花”，忸怩了好一会儿，在大家的连声催促下，他突然伸手一指我，说：“我要丁立梅代我表演。”

我真是吓了一跳。这个男生，我平日跟他并无往来，话都不曾说过几句，他怎么就赖上我了？我瞪着他。大家起哄，打着拍子叫：“丁立梅表演啊，丁立梅快表演啊。”他也热切地望着我，面含笑意，脸却烧红了。

我固执地不肯表演。语文老师出来打圆场，说：“等她想好了节目再表演吧，我们接着玩。”贞又敲起“鼓”来，嗒嗒嗒，嗒嗒嗒。

课后，万同学走到我跟前，很委屈地问我：“你怎么不表演呢？我这是给你争取机会呢。” 我也只是莫名其妙看着他，不明白他为什么这么说。

之后又发生一些事，轮到我值日，清扫教室，万同学帮着清扫。我收全班的作业本子，万同学主动帮我收，并整理齐了。万同学的家里开着小店，卖些小吃食。他带一些吃的来，糖果糕点的，分给贞和蕾，也顺便分给我。他还问贞要我和贞和蕾拍的合影，说我们拍得很好看。

贞在我耳边说，万很好呀。蕾也在我耳边说，万很好呀。我都未曾在意，这么糊涂着，也就毕业了，各奔东西。

一些年后，我才恍然，那是喜欢吧。

第五辑

清欢

虫鸣喁喁，闲花摇落，星子闪亮，静下来的时光，总让人好脾气的。

清欢

看露天电影，是要追着去看才有意思的。

方圆几个村，消息是贯通着的，一个村放电影，周围几个村很快都知道了。

消息在传播中，就像被抹了蜜，甜滋滋的，叫人好兴奋。“知道吗？隔壁通榆村今天晚上放电影的。”说的人一脸甜蜜。听的人一脸甜蜜。这样一传十，十传百，家里的小猫小狗也都知道了。

于是早早相约，晚上一起去通榆村看电影。大人跟大人相约。孩子跟孩子相约。哎，如果狗啊猫的它们会说话，怕是也要相约了一起去的。

翻来覆去也就那几部片子，什么《地道战》、《地雷战》、《洪湖赤卫队》、《智取威虎山》。后来放映《一江春水向东流》、越剧版的《红楼梦》，真是万人空巷啊。一部片子，都看过四五遍了，台词都背得熟溜溜的了，还是要追着去看。

黑天黑地里，田间小路上，人语声前后相接，都是追着去看电影的。清风送凉，幸福的花儿朵朵开。真是，有比这更幸福的吗，放下诸般困苦烦恼，我们看电影去。这甩着袖子，一起走路的过程，就足够叫人满足的了。

相恋的人，混在人群里，偷偷牵手。屏幕上放什么不重要，他和她的耳里，只听见彼此的心跳。

孩子们更喜欢的是追逐打闹，电影的声音，都盖不过他们的打闹声。

人群外头，有卖炸年糕片的，香味儿四处乱窜。膨膨的年糕片，入嘴即化。每次去看电影，我都希望自己口袋里能揣着几枚硬币，很奢侈地买上一小袋尝尝。

有次，我跟我爸去看电影。我爸把我扛在肩上，我不看屏幕，我扭头去看炸年糕的，扭得脖子都酸了。我爸终于发现了我的小心思，给我买了一小袋炸年糕。

那是我吃过的最好吃的炸年糕。

“假领子”有个很本分的名字，叫“节约领”。

也不知是谁首先发明的。在衣物匮乏的年代，它平添了殷实和华美。你得佩服人的智慧和本事，再难，也能活出温度和美好来。

“假领子”不假，它就是一领子。布的，毛线的，都有。它衬在外衣的里面，在脖颈处翻出来，看上去，里面就像穿了一件完整的漂亮的衣裳。其实，它只是个空壳子。

吾村姑娘人人都有假领子，碎花的，纯白的，粉红的，鹅黄的，能找到的布料，也都给找到了，做成假领子。它所费布料不多，又能时时翻新，颇得姑娘们热爱。一款漂亮的假领子，能令一个姑娘，在瞬间变得娇媚。

吾村姑娘来喜，人长得不俏，大龅牙，对对眼。先前说了几桩亲事，都黄了。又有人来访亲，访亲的登门那天，吾村姑娘把假领子全奉献出来，摊了一床，供来喜挑。来喜试了一个又一个，最后挑了款粉红的，戴上，人立即有了光彩。这次访亲，获得圆满成功，假领子功不可没。

我人小，我妈不给做，我就自己动手做。我把我妈收集了留着浆鞋底用的碎布条，全给翻了出来，裁裁剪剪，缝缝补补，一款假领子，诞生了。我把它缝到我的外衣领口处，翻出来，对着镜子照照，美得不行。

出门去，遇到隔壁的云珠婶婶，她挑着担子往田里去。看见我，停下来，对着我左看右看，笑了："我说你这小丫头今天怎么不一样了呢，原来里面穿了件新衣裳啊。"

她是夸我的假领子的。

也就问是谁给做的。我说是我做的。云珠婶婶不肯相信。

这事儿被传开，弄得吾村人看见我，都要看看我的假领子。

我妈把我的假领子拿在手上，翻过来覆过去地看，她没有骂我糟蹋掉碎布条，她脸上浮着笑，说了句："你这小丫头，怎么就会做这个的？真是犯怪。”我奶奶也笑，悄悄对我说：“你不像你妈手笨，你手巧呢。”

我应该改行学裁缝才是，我从小就有这天赋的。

春天来的时候，大地在一夜间换了新装。绿，绿不尽地绿。

河边的白茅们也绿了，“唰”地一下，探出尖尖的小脑袋来。

我们去拔茅针，那是春天馈赠给孩子的零食。

茅针其实是白茅的嫩芽，形似针状，剥开来，里面是又白又嫩的穰。丢进嘴里，水汪汪，甜滋滋的。

那时我尚不知，这种好吃的天然的零嘴儿，是从远古的诗经年代，一路走过来的。“静女其娈，贻我彤管。”春暖花开的时节，美丽的牧羊女，去见约会的小伙子，拿什么做礼物好呢？她踯躅半晌，最后聪明地拔了一把茅针带给他。

小伙子当然心领神会，他心花怒放，收下茅针当珍宝。“匪女之为美，美人之贻”——不是你这茅针有多好啊，实则因为，它是我心爱的姑娘所赠送的啊。

真正是没有比这个更适合做礼物的了。民间爱恋，原是这等的朴素甜蜜，野生野长着，却自有着它的迷人芳香。

后来，读宋时范成大的诗，看到他写的拔茅针，我乐了。无论沧海桑田如何轮转，这俗世的活法，却如出一辙，生生不息着。不妨读读他写的：

茅针香软渐包茸，蓬櫑甘酸半染红。采采归来儿女笑，杖头高挂小筠笼。

我们带上的却不是小筠笼，我们挎的是猪草篮子，很大个儿的。猪草篮子早就被搁到一边去了，我们拔呀拔呀拔茅针。肚子吃得溜圆了，吃得不想再吃了，还是拔。把全身上下的衣兜都装满了，还是拔——可见得，人生来都是贪的。那满地的茅针，哪里就拔得完呢！拔回家去，多半也被扔了。我奶奶不许我们放着过夜，说吃了过夜的茅针会耳聋的。又说，茅针放在家里过夜，会引了蛇来。

我偷偷试验过，把茅针藏在枕头底下，却没有耳聋，亦没有蛇来。我很高兴。原来，大人的话，也不能全信的。

我们种凤仙花，不是为了观赏，而是为了染指甲。

凤仙花好长，种子掉哪里，哪里就能长出一大片，你追我赶地长，一心一意地长。

我家屋角后，每年都有成片成片的凤仙花冒出来。也无需特地播种，乡下的花，少有特地播种的。风一吹，你家的花，跑到我家来了。我家的花，跑去你家了。也有鸟来帮忙，把花种子衔得到处扔。有时，你在废弃的墙头，看见凤仙花，或是鸡冠花，或是一串红了。你也可能在哪个沟渠里，发现了凤仙花的影子。你不必惊讶，乡间的花，原是长了脚的。

我家凤仙花开的时候，真有些壮观了，红的黄的白的紫的，像落了一地的小粉蝶，吵嚷得厉害。我们不懂赏花惜花，只管把那些花啊叶子的，摘下来，捣碎，加了明矾，搁上几个时辰，染指甲的原料就算制成了。

天热，晚上屋子里闷，大人们也都要在外头纳凉。虫鸣喁喁，闲花摇落，星子闪亮，静下来的时光，总让人好脾气的。我妈和我奶奶，难得地坐到一起，一边摇着蒲扇，一边话搭话地说些碎语。我和我姐去挑了肥圆的黄豆叶子，让我奶奶给包红指甲。我妈兴致上来了，也会帮我们包。

捣碎的凤仙花，敷在我们的指甲上，上面盖上黄豆叶子，用棉线紧紧缠绕了。一夜过去，第二天，手指甲准变得红艳艳的。

刚包好的手指甲沉甸甸的，偏偏蚊子来叮，手却搔不了痒，急得双脚直跳，却舍不得弄脱缠好的指甲套。我奶奶或我妈，这时会笑着来帮忙。

露水打湿了头发，夜已渐深，却迟迟不肯进屋去睡。小心里，也有了贪，希望这样的静好清欢，能够地久天长。

偶尔上一趟老街，我这枚吃货最大的乐趣，竟不是吃，而是看小人书。

也只老街上才有小人书的书摊。一棵大槐树底下，斜撑着简易的木板子，上面拴着一只只口袋，里面塞满小人书。二分钱可借一本看。

袋子里的硬币，从大过年时就开始攒着，为的是到老街上一饱眼福。

许多的字，不识。不要紧，看着图画，边蒙边猜，也是看得津津有味的。街角喧闹，那一方地盘儿，却是宁静的岛屿。

有孩子口袋里没钱，在小人书摊旁边转。看向小人书的眼神，像看向一大堆美食。守摊的中年男人真是硬心肠，他挥手赶那孩子走，“去，去，去！”像赶偷食的鸡。没钱别想看他的小人书，你再求也没用。

一次，有小孩趁他不注意，抓起两本小人书就跑。待到中年男人反应过来，他已跑进人群中去了。中年男人追了几步，没追着，嘴里骂骂咧咧的。回头，对他的小人书摊更是严加看管。

我为逃跑了的小孩感到高兴。他拥有两本小人书了，那是完全属于他的，他想什么时候看，就什么时候看。他想坐着看，就坐着看。他想躺着看，就躺着看。真好。我心里萌生出这样的愿望，等我长大了，我也要摆一个小人书摊。所有的小孩都免费看，想看哪本，就看哪本。想看多久，就看多久。

我姐没事的时候，喜欢装扮我。

衣裳也就那几件衣裳，是没办法替换的。头发却可以随意摆弄。

我姐在我的头发上花大功夫，要不把它辫成许多根小辫子，要不把它卷起来。

家里土墙上贴一仕女图，上面有女子云鬓高挽，簪着菊花一朵朵。我姐突发奇想，要给我梳那样的头。

菊花是不缺的，跑到屋后的河边，想采多少，就有多少。想采什么颜色，就有什么颜色。那里，一年四季，几乎都活跃着小野菊们嬉戏打闹的身影。

我们很快采得一大把。红黄橙白紫，五彩纷纭。

我姐照着墙上的画，给我挽头发，在上面横七竖八插满野菊花。

我顶着这样的头，跑出去。从村子东头，跑到西头。再从南边，跑到北边。沿途无人不惊奇观望，笑叹："瞧，那小丫头的头。"

若干年后，我听到一首歌，歌里这样唱道："醉人的笑容你有没有，大雁飞过菊花插满头。"我的眼泪一下子涌了出来，觉得那是在唱我的少年。

烟火流年

我想说点有关吃的事。

吾乡的烟火里，很有几样拿得出手的传统美食。

粽子是排在前列的。

端午吃粽子这风俗，好些地方都有。但粽子与粽子是不一样的。现在做出名声的浙江嘉兴粽子，很得一些人赞赏。我买过几回，都不及小时我奶奶裹的粽子。

我奶奶裹粽子，首挑的是苇叶。春刚萌动，看到河边芦苇冒出指甲大的新绿来，我们就开始留心着了，看苇叶什么时候长成。那苇叶要不宽不窄，要不嫩不老，要绿得透透的。等我们发现了一大片好苇叶，别人也发现了，这就要看谁下手快了。

采苇叶的任务，通常交给我、我姐和我小娘娘。我姐那手脚快的，两三个人怕不及。她呼啦啦，呼啦呼，一会儿就装上一篮子了，我们往往总能满载而归。

新采的苇叶，要用绳子穿好，挂在房檐下风些日子，把日月精华全吸进去。端午这天，我奶奶早早就把风好的苇叶取下，挑些她认为上好的，洗净，放清水里煮。煮好的水不倒掉，晾在长桶里，然后，把煮好的苇叶再泡进去。

裹粽子的糯米也都事先淘好，泡开。里面掺杂些花生、蚕豆、蜜枣之类的，也有什么也不加的。我奶奶坐在长桶边，一边裹，一边说："没人能裹出像我这么漂亮的粽子。"也真是的，她裹的粽子，像艺术品，只只都能站立。这时，她会说个谜语让我们猜："锥子头，粽子脸，一跑头一点。"哎，都猜过千遍万遍了，我们脱口而出："小狗。"

粽子放在锅里沤，是很让人觉得漫长的。我三番五次跑去问："好了吗，好了吗？"我奶奶总笑着说："心急吃不得热粥的。"苇叶的香，混合着糯米的香，缓缓地渗出来，渗满小屋，飘到屋外。整个村子，都浸泡着那样的香。真快乐！

当天未吃完的粽子，我奶奶把它泡在苇叶水里，放在腌咸菜的缸里，蒙上盖，能吃上半个月都是新鲜的。我每天下午放学，来不及放书包，就冲我奶奶叫："奶奶，我要吃粽子。"我奶奶会去缸里掏出一个来。她私心得很，她让我躲着吃掉，别让我姐和我弟弟看到。

泡在水里的粽子，比刚出锅的更添了一层香，也似乎更糯了。我奶奶在那苇叶水里，一定添加了什么佐料。我真后悔当初没问问她，那原始的民间方子，至此失传了。

在吃过粽子后，节气也就渐渐步入小暑了。我开始了新的期盼，六月六。

六月六，吾乡家家户户都要炒焦雪的。“六月六，吃块焦雪养块肉”，这歌谣，是打小就会念的。

传说也感人。说是从前的从前，吾乡闹灾荒，饿殍遍地。天上的雪神看不下去了，六月六这天，降下好大一场雪。那雪其实不是雪，而是救人性命的小麦面粉。但雪神又怕玉帝怪罪呀，怪他违反天条，故把雪白的面粉，都给染得焦焦的，跟黄泥土一个色泽。老百姓瞅见从天上飘下这么多的“黄泥土”，好生奇怪，伸手接了，手上散发出香气。烧开水把它泡了，天哪，那个香啊，直钻人鼻孔。老百姓兴奋极了，家家拿袋子到门前扫“黄泥土”，焦焦的面粉，既好吃，又抵饿，人们度过了灾荒。

为了纪念好心的雪神，吾乡人把这种食物称作焦雪。每年六月六，家家必炒焦雪。

这炒焦雪也是有讲究的，不能大火，火也不能过急，必须文火细烤，慢工出细活。烤出来的焦雪呈金黄色，才算最好。用滚烫的开水泡了，加点红糖。哎，那滋味，香到骨髓里去了。

我后来去老街上念书，在学校里寄宿，三顿饭老吃不饱，我奶奶心疼我，就给我炒焦雪。用布袋子装了，外面套上塑料袋，让我带到学校里。一次带上的量，总能对付一个星期。

我的同学，也都带焦雪到学校，相互间分着吃，也就吃出差别来。有的香味浓郁，那是真正炒到家了。有的却味道寡淡，那是火候未到。我奶奶炒的焦雪，总赢得满口称赞。

也有偷着吃的现象。有人带一大袋焦雪来，不过转身的工夫，那袋子已少去一半——被馋嘴的人偷吃掉了。有一女生，怕人偷吃，她买了把大锁，把她的焦雪锁在包里，吊在上床的屋顶上。结果，那锁不两天就给人撬开了。大家是见不得这样小气的人的，都拿她寻开心。

我在教室里上晚自修，作业做着做着，就闻见了焦雪香。知道待会儿回宿舍，可以泡上一瓷钵子的焦雪吃的，心里充盈着幸福。

七月十五是鬼节。

据说这天，大大小小的鬼，都出来找人要钱了。

吾乡家家烧纸钱，祭亡人。

小孩不管这个，小孩关心的是，终于等来饺子了，可以敞开肚皮大吃一顿了。

也不知从哪年哪月传下的风俗，七月半这天，吾乡户户是要包饺子吃的。一过七月半，直到年底，都不作兴再包饺子的。除非是家里走了人，要烧七。

孩子们在这天，都要吃得撑住了，晚上经凉风一吹，肚子疼得厉害。这天夜里，吾村那间简陋的诊所里，挤满了人，都是送孩子看病的。症状一样，一律是肚子绞痛，上呕下泻。延续到天亮，都有孩子源源不断被送来。

那年我家实在困难，拿不出面粉做饺子皮。节却是要应付一下的，我奶奶用玉米面，蒸了一蒸笼饺子样的窝窝头，权充饺子。我们委实失望，翘着嘴，表现出极大的不满。

与我家隔着半里路远的红秀婶婶，突然上了我家的门，送来一盘子她包的饺子。那是用小麦麸子掺和了点面粉，擀成饺子皮包的，腌制的胡萝卜樱子做的馅，望上去黑乎乎的。可那是真正的饺子呀，我们兄妹几个，三下五除二就把它给解决掉了。

红秀婶婶望着我们贪婪地样子，叹口气说："包得不多，不然，会给你们多送些来的。"我奶奶很不好意思，说："够多了，够多了，我家这些伢儿，唉，像饿死鬼投的胎。"红秀婶婶就苦笑了，说："都是穷给逼的。"她也是家徒四壁，男人又不争气，不肯使力，好吃懒做。三个孩子也都还小。她和我奶奶非常合得来，平时有些苦水，也都跑来找我奶奶倒倒。

我小学没毕业呢，红秀婶婶突然得了精神病，也不打人，也不骂人，整天痴痴呆呆的，嘴里不知在叨咕些什么。要不，就是没日没夜地四处疯跑。便总撞见她的女儿冬锁，出门找她，见人就问："你看见我妈了吗？"

这种状况持续了三四年。我念初中了，一天，我从学校回家，我奶奶红着眼睛告诉我："红秀死了。"

她是失足溺水而死的。

从此，每年的七月半，她的女儿冬锁，都要折些纸钱烧给她。

八月中秋是要吃月饼的。

村部小商店里，一个星期前，就开始弥漫出月饼的甜和香。靠近门的一口大缸里，放着满满一缸的月饼。

一缸哪！我的倾慕是毋庸置疑的。我觉得没有人比店员吴会计更幸福了，那些月饼都是他的，他想吃多少，就能吃多少。

那几日，我天天到小商店报到。有时一个人去。有时和兰一起去。小商店门口，也总有几个探头探脑的小孩。我们站在那里，也不玩什么，就是傻看。看吴会计站在柜台后，用牛皮纸包月饼，五只一袋，八只一袋。他白皙的手指，飞快地包着。

鼻子却是闻饱了。吸一口，是甜的。再吸一口，是香的。我们总要闻得头晕乎乎的，才依依不舍地回家。

好不容易等到中秋这天了，家里也给买月饼，解解我们小孩的馋。

都是我爷爷去买。当他提着一袋子月饼，出现在家门前的路口时，我们几个小孩，全体出动去迎。那场面真够浩大的，搞得我爷爷如同得胜回朝的将军。

月饼最后被切成小块，分给我们。大人们是舍不得沾点嘴边的，全给我们吃掉了。我们舔着小指头，意犹未尽哪。

冷锅饼及时地端了上来。

八月中秋，吾乡家家都要打冷锅饼，敬月神。

传说此饼本是月亮娘娘所赐，原叫冷宫饼，后来叫着叫着，成了冷锅饼。

冷锅饼的材料是面粉，什么馅也不加，顶多在上面撒点芝麻。打冷锅饼之前，面粉要预先发酵，然后，锅底刷油，面粉入锅，文火慢慢煎着。这样打出的冷锅饼，虽又厚又大，粗陋拙朴，却外焦内嫩，松软可口。这也是我们一年一盼的美味。

现在，冷锅饼在吾乡，已演化成“蹲门大饼”，成了名吃。

民间吃的智慧，真正是经久不衰，时时翻新的。

女巫

小邻居大碗被水淹死后，他妈哭泣了好些日子。一天，夜里做梦，梦见大碗水漉漉站她床前，跟她说："妈，我好冷啊。"

大碗妈惊醒后，再也睡不着了，天明就跑去看灵果。回来之后，又是一顿大哭，说灵果告诉她，大碗在那边受欺负了，那些大鬼整天不给他饭吃，还驱使他做这做那。大碗淹死时是赤条条的，天冷了也没件衣服，他冷得慌。大碗妈就叠了许多纸钱烧给大碗。又给大碗做了许多件衣裳，春夏秋冬的都有。连棉被都给做了，当然都是浓缩版的，一并烧去。

左右邻舍围着感叹一番，都说这灵果真是灵啊。

看灵果就是看巫。吾乡人称之"灵果"，倒是有意思，意为神灵之果，把本是阴森森的事情，弄得像是去王母的蟠桃园赏果子似的。

偏僻之地，好生神灵之事。像过去湘西苗人的"三邪"：赶尸、放蛊和落花洞女。如果往上追溯，那应追溯到诗经年代，先民们去祸纳福祈求五谷丰登，往往都设巫坛，祷告上苍，如《宛丘》之中的那场巫祀。

不知民间的巫祀是不是都这样欢乐祥和。《宛丘》中的这场巫祀，我看着倒像是在举办一场个人歌舞秀。且看那做巫祀的小巫女，她手执白鹭的羽毛做成的舞具，载歌载舞着，舞姿动人，当场就迷得一男子神魂颠倒，七荤八素的，也是趣事一桩。再多的庄严神圣，原也渗透着人间烟火俗世情缘。我喜欢这样的尘世缭绕，活泼俏丽，鲜活明朗：

> 子之汤兮，宛丘之上兮。洵有情兮，而无望兮。
>
> 坎其击鼓，宛丘之下。无冬无夏，值其鹭羽。
>
> 坎其击缶，宛丘之道。无冬无夏，值其鹭翿。

吾乡也有会巫术之人，说是能通鬼神。一般为女性。这女人平日也看不出异常，跟普通女人一样，结婚，生子，下地干活。可某天，她在桌上吃饭，吃着吃着，忽然碗筷搁下，整个人倒下去了。然后是睡在床上，几天不吃不喝，却面色潮红，眼神发亮，那是神附体了。

这女人，也就成了女巫，能上通天朝，下达地府。

我曾跟云珠婶婶去看过热闹，见过一女巫。女巫的年纪不过三十出头，白而胖，眼睛几乎看不见了，眯着，你根本不知她是不是在看你。关于这个女巫，有一段故事不知是真是假。说她在成为女巫之前，是个普通的姑娘，也谈婚论嫁着，走着普通乡下姑娘走的路。新婚那天，她忽然对她的男人说，某家某家，屋上的大梁，是棵神树。

她男人当即吓得不轻。因为他这老婆不是本地人，对本地人不熟，却能准确说出某家某户的名字，还能说出人家屋上的大梁是块什么木头。

男人陪她登上那户人家的门。她对那家人说："不把你家的大梁拆下来，你家将有灾难临头的。"那家人害怕了，忙把大梁拆下来。她让人一劈两半，一半栽在那户人家门口，一半栽自家门口。一些日子后，两截木头，居然都成活了，爆出新绿来，蓬勃成树。

那天，我看到她家门口的那棵树，树干的确像截劈开的木头，木头上，枝叶葱茏，上面被人系了很多根红带子黄带子。我将信将疑地看着，十来岁的年纪，我对一些事物，已开始抱怀疑态度了。但，仍觉得神秘，站它跟前，仿佛能被它看穿心事似的。我也只匆匆看了几眼，就快速跑开去了。

回头再说这个巫女，这两截木头的成活，让她名声大噪。来找她算命占卦的人，从夜里就排着队。来人只要报上时辰日子，她眯着眼，手指掐掐，就能把来人的来龙去脉，说个八九不离十。许多人都传说着她有多神有多灵。

云珠婶婶那天问了什么，我未曾听。她出来的时候，眉毛眼睛都在笑，她悄悄告诉我："菩萨说了，我家一切都顺遂的，我还有小钱赚呢。”

回家，云珠婶婶的日子照旧。该吃饭时吃饭，该种地时种地。也没见她发什么财，倒是被黄鼠狼叼走了两只鸡，让她很是顿足了好几天。

吾村人心里其实都明白着的，寻常日子，能有个什么灾什么难呢！不过是偶尔寻个宽心罢了。

小宝是被女巫预言过的，说只能活到十八岁。

小宝是云的弟弟。云的父亲孙加肥和母亲广凤分居时，小宝才三四岁。他和云被广凤一脚踢给窝囊的孙加肥后，就跟野地里的茇茇草似的，自生自长着了。

瞎子奶奶宝贝这个孙子，找女巫给他算命。这一算不打紧，却掐出这孩子命不好，注定在十八岁上没了。瞎子奶奶哭了一场，跟人说：“我们孙家，就这根独苗，老天怎么这么不睁眼哪。”

瞎子奶奶活着的时候，有好吃的，都让给这个孙子吃。有好穿的，尽着这个孙子穿。其实，也没什么好吃的好穿的。左右邻舍心疼他们，这个接济一些，那个接济一些。

大家对小宝也都格外好。谁会对一个活不长的孩子不好呢？大人们告诫自家孩子，不可跟小宝打架骂架，要让着他点。家里做了好吃的，也给小宝端上一份去。享享嘴福再死，也算不冤。

小宝开始不懂什么死呀活的，他做着小男孩们都做的事，上树下河，调皮捣蛋。到该念书的时候，孙加肥没送他去念书。孙加肥的想法是，反正这孩子命不长，念了也是白念，再说，家里也没那个闲钱，就把他给放野了。

这一野，野出小宝的一身痞性。加之小宝渐渐大了，懂了女巫预言的十八岁的意思。他倒不十分难过，索性破罐子破摔，吊儿郎当起来，走哪里，都一副天不怕地不怕的气概。他爱拔谁家地里的东西，就拔谁家地里的。看上谁家的东西，他想取走，就取走。看谁家不顺眼了，他能放火烧了那家的草垛子。

就差没杀人了。

吾村人看见小宝，如同看见瘟神。心里倒是祈祷着菩萨，快把这瘟神收了去吧。面上却不跟他计较——还是不得罪他为好，若死后他变成僵尸鬼来报复，那才真正可怕呢。

小宝继续做着他的不良少年，横七竖八的，也没人管他。路上遇见广凤，广凤叫他："小宝，小宝。"他掉过头去连"呸"了三声，昂昂然走了。他和他姐云不一样，云千方百计想认广凤这个妈，小宝完全反过来了，是广凤想认他这个儿子，他却不认她这个妈。他就当没广凤这个妈。人问他："你妈呢？"他嬉皮笑脸答："死了。"

也就到了十八岁，小宝却没死，连感冒也不曾患过。

然后到了十九岁，到了二十岁，他都还活得好好的。小宝不好意思继续无赖下去了，他决心重新来过。

他去了城里打工。

几年后，小宝归来，把老房子拆了，盖了三间小瓦房，娶回一贵州妹，安稳地过起小家的日子来。他也还外出打工，回来，见人总是一脸笑，拿烟递糖的，客气得不得了，与过去的小宝，完全不像一个人了。

又几年，小宝把三间小瓦房拆了，盖了幢两上两下的楼房。他和贵州妹生的小丫头，已能楼上楼下跑着叫他爸了。

他成了吾村的励志哥。吾村人谈到他，都替他欢喜："没想到小宝也能混出个人来。"还在平房里住着的人家，就很难为情起来。想想吧，连小宝那样的人都砌了楼房了，你还好意思再住平房?

吾村人似乎都忘了女巫预言小宝的事，对女巫的失灵，从没有过质疑。家里有什么事了，还是热衷于跑去问卦占卜，肃穆端然，虔诚恭敬。

过年

腊月二十四这天晚上，是要送灶王爷上天的。

我爷爷一大早就把一张黄纸贴在了灶台上方。

那儿，是鲤鱼和荷花的天下。那是当初瓦匠在砌灶台时，用颜料随手给画上去的。荷花开着，鲤鱼跃着，简陋的厨房里，日日有着喧腾喜庆。这娴熟的技艺，曾让我无比膜拜。民间匠人，各怀各的绝技呢。像篾匠，能转瞬间把一根平淡无奇的竹子，编成结实的篮子。像弹花匠，能把一堆乱乱的棉絮，弹成一床松软的棉被。像补锅匠，不单单能补锅，还能把你打破的瓷瓶，给补得严丝合缝，简直跟原先的一样，丝毫看不出受了损伤。木匠更是了不得，从他们的手底下，能变出桌子椅子，箱笼和床来。他们从不因身怀这样的技艺而骄傲自得，只当寻常，是活路的一种方式而已。倒有了平和从容，如午后家门前的草垛子上，静静洒落的那一寸寸阳光。

我爷爷在黄纸上写了一副对联：上天言好事，下界保平安。晚上，家人们都吃过晚饭了，他净手焚香，点燃了烛台，对着空中祭拜一番，然后把那张黄纸揭下来给点燃了。灶老爷也就启程去天庭了。

他做这些时，我们都不敢吭声，只静静地观望，越发使得整个场面显得庄严神圣。天上还住着神，神上面还有什么呢？这宇宙的神秘浩瀚，是令人惊异着的，更多的是，觉得有意思。穷穷无尽头，绵绵无绝期，那时不懂无穷极，但因这有生不绝，也觉得蛮高兴的。

仪式完毕，各各安寝。烛影仍在摇红，心开始雀跃，我知道，接下来，要过年了。

家家都忙乱起来。年货要理理，缺什么，要补上什么，该买的要去街上买。还没蒸馒头的打年糕的，要紧着蒸馒头打年糕。

说到蒸馒头打年糕，那是一进腊月就兴起的事。有些人家心急，早早就蒸了馒头打了年糕，却难得维持到过年。馒头年糕在那儿搁着呢，谁不馋啊？今天吃一点，明天吃一点，都提前给吃啦。我奶奶最不喜这样的人家，认为那是不会过日子的，“三十夜吃掉，初一早上寡寡的。”她啧啧。这话吾乡人都懂，旁人未必琢磨得过来，我翻译一下吧，意思是，把好东西都提前吃光了，到该隆重的时候，却清汤寡水的。

蒸馒头打年糕是需要工具的，蒸馒头需要蒸笼，打年糕需要糕箱。在吾乡，置副蒸笼和糕箱，相当于置份家产，不是家家都置得起的。也有人家是这样考虑的，那蒸笼和糕箱，一年也只用一回，为这个一回，还置上一份放家里，委实浪费。故拥有蒸笼和糕箱的人家不多，这时候都成了香饽饽，一家有，百家求。

我家居然既有蒸笼，又有糕箱。每年腊月里，我家的蒸笼和糕箱就忙得难得喘息了，一家一家的，都要提前来预约，日夜不消停。借去的人家，来送还蒸笼和糕箱时，是不作兴空笼和空箱的，里面会放上自家蒸的馒头和打的年糕，送我家品尝。也不多，馒头也就三四只，年糕顶多十块，我们却为之兴奋不已。整个腊月，都过得富足而愉快。

置办的年货里头，年画是独占一份的。

孩子们热衷于买年画。

问大人讨得钱来，呼朋唤友的，呼啦啦就涌去街上挑年画去了。总要玩耍到日落西山才归来——这也是被大人们所默许的。

年画是和喜钱对联摆在一起卖的，一律统称为红货摊子。三四里的长街，它们占了半壁江山。人一脚踩进去，像踩进一条彩色的河。好吧，变成鱼游吧。

我们在里面“游”着，一个摊子接着一个摊子地看，有点望不到尽头的意思。日头是那样的好，人人看上去，都是和善爽利的。纵使平日积了什么怨，蓄了什么仇，到这时候，也都能心平气和了。要过年呢。

年画散发出油墨簇新的香，单单看着，闻着，就叫人莫名的喜悦。

也总拿不定主意挑什么好。我偏向于买些美人画，像仕女图、白素贞盗仙草、五女献寿之类的。我姐偏向于年环画，一幅画上有多幅照片，讲一个故事，像地道战之类的。对堂屋所悬挂的轴画，我们意见分歧不大，有仙鹤送福，要不就是花开富贵。

除夕这天，家里的尘已掸过，旧的年画取下来，新的年画贴上墙，新亮洁净。我们跑进跑出地看，一个簇新的家，真叫人充满感激。

云珠婶婶买回幅胖娃娃抱鲤鱼的年画。见着的人，都觉得好，也都跑去街上买了一幅来贴。我爷爷也去另买一幅，他把它贴到了米缸上。吾村人觉着，有鱼有胖小子，那才是真正的人间岁月呢。

初一早上，吾乡的风俗是，家里的男主人得第一个起床，他先在屋内放开门爆竹，然后打开大门，煮早茶。早茶是红枣汤圆。忙碌了一年的女人们，是要歇一歇，稍稍睡个懒觉的。

我爸才打开门，唱道情的已站在门口了，恭喜主家发大财的道贺声，热烈地响起。接着是道情筒子敲起来，咚咚咚，咚咚咚，小曲儿唱起来，热热闹闹的年，开始了。

我们躺不住了，赶紧起床，我们要听唱道情，要看挑花担，要看舞龙灯。

得给唱道情的小费，多少随意。硬币是早就准备好的，装在一个玻璃瓶子里。他的小曲儿刚唱完，你就拿上一枚两枚的，投进他的道情筒子去。有时主家给得多，他会再添唱一曲，词儿有临时现编的，看见你家有什么就唱什么。我凭记忆整出一段来，细细揣摩着，真像吃着我奶奶做的冷锅饼，越嚼越有意味：

清早喜鹊来报喜，我给主家来拜年。
主家心善人缘好，福气涌来满担挑。
东房金来西房银，六畜兴旺五谷丰。
生的姑娘比貂蝉，俊俏灵巧数第一。
生的小伙状元郎，前程似锦捷报频。
家庭和睦万事兴，幸福生活比蜜甜。

我们投进硬币时，听到他的道情筒子里，硬币与硬币碰撞的声音。那都是钱哪。我们兄妹几个琢磨着，我们也唱道情去，也能赚上好一笔的。村里灿友家的小桃子，长我们几岁，不见长个头，人不过比板凳高了那么一点点，却有一副脆嗓子，她年年出去唱道情。她唱道情不要钱，只要馒头和年糕。灿友跟着她后面去挑，一天下来，都要挑上小半担子回家。全家吃不掉，切成了馒头片放在门口晒，摊了几篾席。

大人们闲聊，有时聊到小桃子，对她，十分地敬佩。“灿友家的小桃子，又挣了一袋子馒头回来了。”——这话给我们不小的刺激，我们也可以挣到的呀。

这一年，也果真行动起来，我们早早在家里排练，参加者有我，我姐，我大弟。我姐还到屋后砍了根竹子，有模有样地做了个道情筒子，和两副竹板。

也就过大年了。一大早，吃过早茶，我们就决定出发。我和我姐却临阵脱逃了，到底抹不开脸面，站人家家门口，不好意思开腔。我大弟被钱的力量鼓舞着，他想赚了钱后，去老街上买酥饼和小人书。又他比我们小，初生牛犊不怕虎，他就一家一家唱去了。

傍晚，见他归来，饿得走都走不动了，道情筒子也不知被他扔哪儿去了。他跌坐在家里的凳子上，委屈得直掉眼泪。没人拿他这个小孩当回事，都当他是逗着玩的，他还没开腔，人家就抓把炒瓜子给他，把他给打发走了。

那天，我大弟总共赚了一毛二分钱。不知哪些好心人给的。